La
Question indigène

en Algérie

au commencement du XXe Siècle

PAR

ERNEST MERCIER

Conseiller général de Constantine
Délégué au Conseil Supérieur

PARIS

Augustin CHALLAMEL, Éditeur

Rue Jacob, 17

—

1901

La
Question indigène
en Algérie

OUVRAGES DU MÊME AUTEUR

Histoire de l'Afrique septentrionale depuis les temps les plus reculés jusqu'a la conquête française (3 vol. in-8° avec 3 cartes). — Ouvrage couronné par l'Académie des Inscriptions. (Leroux, Paris, 1888-1891).

Histoire de l'établissement des Arabes dans l'Afrique septentrionale (grand in-8° avec 2 cartes). Marle, Constantine, 1875.

Le cinquantenaire de l'Algérie (in-8°). — Challamel, Paris, 1880.

L'Algérie et les questions algériennes (in-8°). — Challamel, Paris, 1883.

Comment l'Afrique septentrionale a été arabisée (in-8°). — Marle, Constantine, 1875.

La France dans le Sahara et au Soudan (in-8°). — Leroux, Paris, 1889.

La bataille de Poitiers et les vraies causes du recul de l'invasion arabe (in-8°). — Mémoire publié par la *Revue historique*.

Constantine avant la conquête française (1837). — Braham, Constantine, 1880.

Constantine au XVI° siècle, élévation de la famille El-Feggoun. — Braham, Constantine, 1880.

Notice sur la confrérie des Khouan de Sidi Abd-el-Kader El-Djilani. — *Société archéologique de Constantine*. 1868.

Les Arabes d'Afrique jugés par les auteurs musulmans. — *Revue africaine* (janvier-février 1873).

Examen des causes de la croisade de Saint Louis contre Tunis. — *Revue Africaine* (juillet-août 1872).

Épisodes de la conquête de l'Afrique par les Arabes, Koceila, la Kahéna. — *Société archéologique de Constantine* (1881).

Les indigènes d'Algérie, leur situation dans le passé et dans le présent. — *Revue libérale*, 1884.

Les deux siéges de Constantine (1836-1837), 1 vol. avec. pl. — Poulet, éditeur, Constantine, 1896.

La France dans l'Afrique centrale en 1883, avec une carte de l'Afrique. — Braham, Constantine, 1893.

La propriété en Mag'reb, selon le rite de Malek. — *Journal asiatique*, juillet-août 1894.

La condition de la femme musulmane dans l'Afrique septentrionale. — Alger. Jourdan, 1895.

La population indigène de l'Afrique, sous la domination romaine, vandale et bizantine. — Braham, Constantine, 1896.

La propriété foncière musulmane en Algérie. — A. Jourdan, Alger, 1898.

Le code des Hobous ou Ouakf, selon la législation musulmane. — Braham, Constantine, 1899.

Le maréchal Vallée, gouverneur de l'Algérie. — Braham, éditeur, 1900.

La
Question indigène
en Algérie
au commencement du XXᵉ Siècle

PAR

Ernest MERCIER

Conseiller général de Constantine
Délégué au Conseil Supérieur

PARIS

Augustin CHALLAMEL, Éditeur

Rue Jacob, 17

—

1901

AVANT-PROPOS

La question indigène en Algérie a été déjà étudiée et présentée, sous toutes les formes, dans un nombre considérable de publications, depuis la conquête jusqu'à nos jours. Naturellement elle a donné lieu aux théories et aux conclusions les plus diverses, conséquence de sa complexité. Les auteurs, du reste, n'ont traité en général, que des parties de l'ensemble; prenant les faits plus ou moins réels, constatés à un moment déterminé, ils ont cherché à remonter aux causes. Or, les éléments de la question sont soumis à des transformations incessantes, résultant de l'action de facteurs de toute sorte. Les manuels vieillissent et ne sont plus au courant; quant aux faits, il vaut mieux les prendre à leur point de départ pour les suivre jusqu'à leur dernière manifestation.

Ces travaux, néanmoins, contiennent d'excellentes choses ; ils peuvent être intéressants à consulter pour une étude rétrospective et philosophique de la question ; mais il serait difficile, parfois dangereux, de s'en servir pour se faire une idée claire et précise de son état actuel, et par suite d'y prendre les éléments des solutions d'avenir.

Le Parlement étant enfin décidé à donner à l'Algérie une administration propre, avec les libertés et la décentralisation reconnues nécessaires depuis si longtemps, il m'a semblé que le moment était venu de refondre, de grouper, de compléter et de rajeunir mes travaux sur les questions indigènes, de façon à les présenter dans leur enchaînement normal.

L'entreprise n'est pas sans difficultés, car il s'agit d'exposer clairement et de faire comprendre l'état actuel d'une société dont les idées, les traditions, le langage, les institutions sont absolument différents des nôtres et qui, en conséquence, a toujours été mal connue et mal jugée. Il faut, tout en replaçant les choses au point, combattre les erreurs, les préjugés sans nombre qui se sont fondés et ont acquis la force du fait accompli.

Tel a été mon programme ; il en résulte, — tout le monde le comprendra, — qu'il ne pouvait être question de distraire le lecteur en lui présentant de pittoresques tableaux, accompagnés d'agréables dissertations. C'est un sujet d'étude et de réflexion que je lui offre : tout y a un but ; rien ne doit être écarté. Je ne prétends certes pas me soustraire à la critique, mais je demande qu'on me lise sans être découragé par ce qui peut paraître un prologue sans utilité directe.

Les questions de ce genre forment un tout, un faisceau où elles s'enchevêtrent par des liens apparents et invisibles ; non seulement il serait difficile de les isoler les unes des autres, mais encore on y perdrait, parce qu'elles s'expliquent et se complètent l'une par l'autre. Il en est de même de leur liaison avec le passé ; le fait antérieur est gros de celui qui le suit ; il l'éclaire et le justifie.

Voilà pourquoi j'ai jugé indispensable de prendre comme point de départ l'état de l'Algérie au moment où nous avons été appelés à y intervenir, afin d'avoir une base ferme et un terme de comparaison ; puis, de suivre les phases traversées par la société indigène, c'est-à-dire les conséquences qui sont résultées pour elle de la période des luttes de la conquête et des mesures administratives qui lui ont été appliquées après la pacification.

Cet enchaînement des faits nous amène à l'époque actuelle et donne la clé d'une foule de choses qui, sans cela, laisseraient l'esprit dans l'indécision et risqueraient d'entraîner le penseur sur une fausse piste. C'est ainsi que j'espère justifier mes premiers chapitres ; on voudra bien remarquer, en outre, qu'ils évitent l'ennui de digressions et d'explications ultérieures.

Dans les pages qui suivent, je me suis efforcé d'être toujours juste et exact, de dire la vérité, rien que la vérité, pour l'honneur de mon pays et dans l'intérêt bien entendu des indigènes. L'erreur, même inspirée par des sentiments généreux, est toujours inféconde. C'est une question de fait, et sur ce terrain j'ai le ferme espoir que l'avenir me donnera raison.

Quant aux réformes que je propose, je n'y attache pas la même importance ; c'est affaire d'appréciation, et je n'ai pas la prétention d'avoir trouvé le secret de l'avenir. Lorsqu'on s'arroge le droit de critique, il faut se soumettre à l'obligation d'indiquer le remède. Je l'ai fait et, à défaut d'autre mérite, mes solutions ont celui de ne s'inspirer que du désir du bien, de la sincérité et de la réflexion.

Et maintenant, il appartient au lecteur de juger et de prononcer.

E. MERCIER

LA QUESTION INDIGÈNE

EN ALGÉRIE

CHAPITRE 1er

Coup d'œil sur l'organisation du gouvernement turc.

Conséquences de la prise d'Alger. Absence de plan.

La capitulation d'Alger, le 4 juillet 1830, consacra la chute de ce qu'on appelle assez inexactement la « domination turque » et son remplacement, de fait, par celle de la France. On avait tout prévu pour cette expédition, a dit un historien (1), sauf cette conséquence, et le général en chef, comme le Gouvernement, se trouvèrent bien embarrassés. La situation politique et ethnographique de l'Algérie était absolument inconnue ;

(1) Pellissier de Reynaud, *Annales Algériennes*, vol. Ier.

aussi, était-il difficile de présumer qu'il suffi-rait de prendre Alger pour voir disparaître ce gouvernement des yoldachs, depuis trois siècles maître de ce vaste pays et terrorisant, par ses corsaires, la Méditerranée et les rivages chrétiens.

Peu s'en fallut qu'on n'abandonnât cette magnifique, cette providentielle conquête. Une timidité inexplicable, une crainte ins-tinctive de l'inconnu firent qu'on n'accepta qu'avec les plus grandes réserves ce cadeau de la fortune : les principaux ports seraient occupés, mais on laisserait l'intérieur aux indigènes. Fatale prudence des sages ! Erreur démontrée par l'histoire de tous les pays et de tous les temps ! Ces fautes devaient être expiées par le sang et l'or de la France.

Situation du pays avant 1830.
Diversité des populations.

Un coup d'œil rétrospectif est nécessaire pour se rendre compte de la situation du pays avant 1830.

La population indigène se composait, comme maintenant, de la vieille race afri-caine que les Arabes ont appelée *Berbère*, plus ou moins intacte dans les montagnes et dans le Sahara, et plus ou moins arabisée, dans les vallées, les plaines et les hauts plateaux. Des conditions physiques de l'habitat résultaient une situation économique et des usages assez variés, selon les lieux. Un seul lien moral, la religion islamique, était commun à ces peuplades, divisées par des rivalités traditionnelles et n'ayant aucune notion de la patrie.

Dans les ports du littoral vivait une population de corsaires et de pêcheurs, de toute origine, et de commerçants, sans lien moral avec les gens de l'intérieur. De même, les habitants des villes non maritimes et des oasis, relativement plus civilisés, considéraient les Bédoins de la campagne comme leurs pires ennemis.

Etablissement et organisation des Turcs.

L'affaiblissement dans lequel étaient tombés les empires berbères du moyen âge et la désunion des indigènes, permirent à une poignée d'aventuriers de s'emparer d'Alger en 1515 ; quelques années plus tard, après le désastre de l'aîné des Barberousse à Tlemcen, la réaction se produisit et Kheïr-ed-Dine, son frère, n'eut d'autre ressource que d'offrir sa conquête au sultan, à la condition qu'il lui enverrait des secours. Telle fut l'origine de la suzeraineté de la Turquie, sur les *régences* africaines. En Algérie, elle devint, en quelque sorte, nominale ; le gouvernement fut accaparé, à partir du dix-septième siècle, par une sorte de république militaire, ayant pour organe le diouane, ou conseil, composé exclusivement de miliciens orientaux (yoldach), lequel confiait le pouvoir exécutif à l'un des siens, le dey, pour une durée, en principe, très courte (trois ans).

L'autorité du dey était absolue ; il déléguait dans les provinces une partie de ses attributions à trois beys, et participait aux opérations de la course maritime.

L'indiscipline de la milice, la rivalité de la puissante corporation des corsaires, les révoltes des citadins ou des Zouaoua, étaient les seuls pondérateurs de sa tyrannie (1).

Bien que disposant d'effectifs militaires restreints, ces soldats de fortune arrivèrent à maintenir leur domination sur le pays au moyen d'un ensemble de procédés assez ingénieux ; il est vrai qu'ils renoncèrent à exercer toute action sur bien des points, se

(1) Voir notre *Histoire de l'Afrique Septentrionale*, t. III, « Organisation politique des Turcs ».

contentèrent sur d'autres, de soumissions relatives et intermittentes, et ne se montrèrent pas trop délicats sur le choix des moyens lorsque la nécessité les pressait.

Constantine, Médéa et Maskara, puis Oran, sièges du commandement des beys, furent reliés à Alger par des postes d'étape jalonnant le chemin. Chacun de ces chefs-lieux répartit des escouades de yoldach dans les localités importantes. La plus grande partie de l'effectif fut employée au service de ces garnisons. Avec le reste on forma de petites colonnes parcourant sans cesse le pays pour le recouvrement des impôts.

Les tribus Makhezen. — Les grands chefs indigènes.

Mais il fallait que ces soldats dispersés pussent s'appuyer sur des forces supplétives C'est pourquoi les Turcs, s'inspirant de l'organisation mise en pratique par Moulaï-Ismaïl au Maroc, fondèrent la tribu Makhezen, composée de gens de toute origine, qu'ils installèrent sur les voies principales, en refoulant les occupants. Des terres de culture et des immunités étaient concédées à ces indigènes auxiliaires, à charge par eux de surveiller la route et de fournir des cavaliers montés et armés pour les expéditions. Par ce moyen, leurs communications furent assurées en général et ils eurent sous la main une cavalerie toujours prête.

C'était un des principaux éléments de leur système ; mais il ne s'appliquait qu'à une partie du pays. Pour dominer et administrer les peuplades de l'intérieur, ils instituèrent de grands commandements, confiés à des caïds, aghas et autres chefs indigènes, et formés de groupes et de fractions arbitrairement associés qu'on appela des *tribus*. Ils y employèrent soit les descendants de grandes familles, soit des hommes nouveaux, et eurent ainsi à leur service des chefs, souvent puissants, par suite difficiles à conduire, utiles aujourd'hui, dangereux demain.

Ces commandements étaient recherchés, aussi l'investiture procurait-elle au beylik une source variable de revenus ; l'autorité de ces caïds dans leurs domaines demeurait sans bornes comme sans contrôle ; pour rentrer dans leurs avances, ils pressuraient leurs administrés, et si ces derniers avaient quelquefois la satisfaction de les voir contraints de rendre gorge, c'était au profit des Turcs.

Une véritable féodalité de chefs indigènes

d'autant plus indépendants qu'ils étaient plus éloignés des centres beylicaux, s'était ainsi formée. Ils contribuaient à maintenir les populations dans une obéissance relative à l'autorité turque à laquelle ils servaient les tributs d'usage ; complices et bénéficiaires de ce système de gouvernement, ils faisaient partie du beylik ; mais la confiance manquait de part et d'autre, en raison des menaces, toujours latentes, caractérisées par les mots : révolte, trahison, révocation, spoliation.

Enfin, les Turcs s'appuyaient sur la caste des marabouts et personnages religieux auxquels ils ne ménageaient pas les avantages temporels. Après avoir calmé ainsi leur intransigeance dévote, ils utilisaient leur influence sur les indigènes, et se faisaient renseigner par eux sur les faits et gestes des grands chefs à l'indépendance desquels ils faisaient contrepoids.

Tels furent les procédés de gouvernement employés par cette poignée d'étrangers pour maintenir leur autorité sur l'Algérie. Mais il ne faut pas perdre de vue qu'ils se contentèrent d'une obéissance peu effective sur bien des régions, et que pour d'autres ils renoncèrent à toute action, après avoir en vain essayé d'y pénétrer

Les régions indépendantes.

La grande Kabylie, notamment, demeura indépendante ; il en fut ainsi, à un degré moindre, de presque toutes les montagnes de la région du littoral : de Bône à Bougie, de Cherchel à Mostaganem, d'Oran à la frontière marocaine, et dans la partie centrale, tout le massif de l'Aurès, la vaste région s'étendant de la Medjana à la Mitidja ; la montagne de l'Ouarensenis et même les pentes du Djebel-Amour se prolongeant au nord-ouest jusqu'auprès de Maskara ; les Beni-Snous et tribus adjacentes, au sud et à l'est de Tlemcen, etc.

Sur la ligne du sud, la pénétration des Turcs resta bornée et précaire. Les grandes tribus des hauts plateaux protégeaient le Tell, lorsqu'elles n'étaient pas en révolte ouverte. La petite royauté des Ben-Djellab à Touggourt était maîtresse de l'Ouad-Rir'. Au sud de l'Arouate, la confédération des Beni-Mezab, généralement en paix pour les besoins de son commerce, vivait dans l'indépendance et, de même que les Ben-Djellab, traitait de puissance à puissance avec les Turcs. Enfin, le haut Djebel-Amour et les Kçours de la province d'Oran, obéissaient aux Oulad-Sidi-Cheïkh, ou à d'autres tribus guerrières.

Le dey et les beys. — Précarité de leur pouvoir.

En somme, la république des yoldach se contentait, en fait de souveraineté sur l'intérieur du pays, de ce qu'elle pouvait obtenir avec les moyens dont elle disposait. Le dey donnait tous ses soins à la *guerre maritime;* mais la courte durée de son mandat, les révoltes qui l'abrégeaient trop souvent, ne lui laissaient guère le loisir de faire de grandes choses. Les beys des provinces s'appliquaient, avant tout, au recouvrement des impôts; puis ils entreprenaient, quand ils le pouvaient, des expéditions contre les peuplades et les chefs rebelles, et s'ils rapportèrent parfois un riche butin, ils éprouvèrent aussi de lamentables désastres. Le bey de l'ouest, résidant à Maskara, dirigeait en outre la guerre contre les Espagnols d'Oran.

Un des plus grands vices de ce gouvernement était le peu de stabilité de ses chefs. Ils vivaient au jour le jour, s'efforçant de profiter de leur autorité pour acquérir des richesses; s'inquiétant peu de l'intérêt général, les actes tyranniques qu'ils commettaient étaient justifiés à leurs yeux par la nécessité; en fait, les principes de justice, conformes à la loi islamique, ne passaient qu'en second rang. Dans ces conditions, on devine de quelle façon les caïds devaient gouverner les régions de l'intérieur.

Etat misérable des populations.

Les malheureuses populations indigènes, de la campagne surtout, supportaient les inconvénients d'un semblable régime; tout retombait sur elles, si bien que, poussées à bout, elles finissaient souvent par se livrer au brigandage, ou se révolter contre les Turcs et contre leurs propres chefs. Les peuplades groupées pour former des commandements avaient fini, en mainte localité, par constituer de puissantes *tribus*, avec lesquelles on devait d'autant plus compter que la nécessité les forçait à rester sur le pied de guerre, toujours prêtes au combat.

Voilà où a conduit le régime turc : dans le pays ouvert, la violence et l'injustice ont répandu partout la terreur et l'incertitude du lendemain. Seules les régions écartées ont conservé leur situation, mais la désunion nationale s'est accentuée et le particularisme égoïste a fait de chaque centre une petite patrie fermée. Ces communes sont encore divisées par les partis ; mais lorsqu'un danger menace le canton, on fait trève aux haines intestines, et l'on s'unit pour repousser l'agresseur.

Le vice capital de ce gouvernement, nous l'avons dit, c'est l'instabilité de ses représentants. Un fait le prouve : dans la deuxième moitié du dix-huitième siècle, tandis que les deys d'Alger sont renouvelés à court intervalle, les beys des provinces de l'est et de l'ouest restent en fonctions durant quinze ou vingt ans. Plusieurs d'entre eux se révèlent administrateurs remarquables, guerriers de premier ordre, et sous leur ferme main la situation change de face ; tels, Salah-Bey à Constantine, et Mohammed-el-Kébir à Maskara, qui expulse les Espagnols d'Oran. Mais les deys d'Alger en prennent ombrage ; dès lors, leurs beys seront aussi éphémères qu'eux-mêmes ; les provinces retombent dans l'anarchie et l'insécurité à partir du dix-neuvième siècle, et la situation est la même à l'est et à l'ouest, qu'au centre.

CHAPITRE II

L'Algérie en 1830. — Organisation de la résistance.

Situation en 1830.

Nous pouvons maintenant examiner la situation du pays, au moment où la capitulation d'Alger le fit passer sous la domination de la France.

Affaiblissement de l'autorité. — Désaffection des indigènes.

Houssein, le dernier dey, était à la tête de la *régence* depuis une douzaine d'années, contrairement à la tradition. Il possédait certaines qualités de gouvernement, mais la participation de sa marine à la lutte contre les Grecs, les échecs éprouvés, la perte de ses meilleurs vaisseaux, lui avaient causé de graves ennuis, l'irritant contre la France et le détournant de la surveillance de ses provinces. Les beys y agissaient à leur guise et l'un d'eux, Ahmed-Bey, à Constantine, homme ambitieux et brutal, semblait viser à l'indépendance.

La faiblesse du système des yoldach allait être démontrée. Ces maîtres étrangers n'avaient rien fondé de durable ; ils étaient demeurés aussi distincts, aussi isolés, qu'aux premiers jours, au milieu des masses indigènes qui répondaient à leur mépris, par une haine implacable. Et cependant la passion religieuse n'y était pour rien, puisque les uns comme les autres portaient le titre de *vrais croyants*. La désunion, l'anarchie régnaient parmi leurs sujets; leurs agents les servaient sans confiance ni dévouement, enfin, les peuplades indépendantes répudiaient même leur alliance.

Une telle situation était grave : en l'appréciant selon les principes de notre logique on aurait pu conclure que ce gouvernement touchait à sa fin, par impuissance de vivre. On se serait sans doute trompé, car ces royaumes musulmans possèdent une résistance incroyable, en dépit de leur désorganisation, et ces *hommes malades*, non seulement ne meurent pas, mais ont des réveils d'énergie

et de vigueur qui renversent toutes les con-
jectures.

L'appel à la guerre sainte fit accourir à
Alger des bandes de champions venant de
tous les points ; les défenses du port et de
la rade étaient formidables et il est probable que si l'attaque avait eu lieu par le
front de mer, comme les précédentes (1),
elle eût été repoussée.

Chute du gouvernement turc.

Le débarquement à Sidi-Feredj et l'approche par les hauteurs dominant Alger (2),
troubla le plan des assiégés, les démoralisa
et rendit inutiles leurs puissants moyens de
défense. Un succès des musulmans, même
douteux, et chèrement acheté, même suivi
d'un traité humiliant eût raffermi l'autorité
turque et fait croire qu'elle régnait sérieuse-
ment en Algérie. La capitulation du dey et
l'occupation d'Alger par la France eurent
pour conséquence immédiate la disparition
de ce gouvernement sur tous les points,

(1) Les plus célèbres furent celles de Charles V, en 1541 et
d'O'Reilly en 1775, sans parler des bombardements de Du-
quesne, de Tourville au dix-septième siècle, et des Anglais et
Hollandais en 1816.

(2) Ce plan habile avait été préparé en 1808 par le colonel
Boutin, sur l'ordre de Napoléon Iᵉʳ.

sauf à Constantine où l'énergique Ahmed-Bey se déclara indépendant, et prit le titre de pacha.

La domination de l'Algérie reste vacante.

On vit bientôt un grand nombre de soldats et de fonctionnaires du régime déchu, accourir, et solliciter l'entrée à notre service. La séparation entre l'élément étranger et la masse indigène, s'opéra naturellement, de même qu'un corps en fusion rejette les matières qui ne peuvent s'associer avec lui.

Ce fut ainsi, qu'après avoir abattu le régime turc, la France se trouva en présence de la vraie population, débarrassée par elle de ses oppresseurs séculaires. Si, mieux renseignés, les vainqueurs avaient compris que le peuple indigène, asservi aux turcs, n'était ni libre, ni préparé à l'autonomie, et qu'en le laissant livré à lui-même, on lui rendrait une indépendance perdue depuis trois siècles ; si même, à défaut d'instructions positives, les chefs avaient eu l'initiative d'occuper les principaux postes de l'intérieur, les provinces d'Oran et d'Alger seraient passées aussitôt sans difficulté sous notre autorité ; puis on aurait réduit le bey de Constantine, alors sans force réelle. Jamais conquête n'eût été plus facile ; peu à peu les soumissions auraient été complétées, et l'organisation administrative appropriée au pays, perfectionnée.

Hésitation du vainqueur à en prendre possession.

Malheureusement, il n'en fut pas ainsi ; cette acquisition fit peur à la France ; après avoir renoncé à l'abandon pur et simple, on ne voulut occuper que quelques points du littoral. Cela permit aux indigènes de reprendre conscience d'eux-mêmes et de se laisser enrôler sous la bannière des marabouts et des chefs ambitieux. Il en résulta de longues années de guerres, et enfin, la nécessité d'entreprendre une conquête méthodique. Cependant, aucun sentiment de solidarité nationale n'unissait ces populations ; elles ne surent jamais s'entendre pour une action simultanée, et la guerre demeura presque toujours localisée, heureusement pour nous.

État des populations de l'intérieur en 1830.

Passons maintenant une rapide revue des conditions où se trouvaient les indigènes en 1830, après la chute du gouvernement turc.

Trois villes étaient le siège du commandement des beys. Constantine, seule, conservait son pacha ; il est vrai que l'autorité contestée d'Ahmed-Bey ne s'étendait que sur une partie de sa vaste province. A Médéa et à Oran, les Turcs ne tardèrent pas à disparaître. Dans les villes de l'intérieur, résidait une population musulmane, généralement pacifique, mais divisée par des rivalités de sofs locaux. Leur banlieue se trouvait dans le même cas. Aucune résistance sérieuse n'y était possible.

A proximité des grands centres et aux gîtes d'étape, sur le trajet des routes principales, étaient établies les tribus et les fractions Makhezen (Zemoul, Douaïr, Amer, Abid, Beni Siline, etc.). Composés d'éléments de toute origine, jouissant de territoires enlevés aux anciens possesseurs, ayant coopéré à toutes les expéditions des Turcs, ces groupes, non seulement n'avaient aucun lien avec le reste de la population, mais encore étaient un objet de jalousie et de haine pour leurs voisins. Par tradition et par nécessité, ils devaient rester au service du gouvernement, quel qu'il fût. Il fallait donc les attirer ou les accueillir et l'on aurait eu, tout de suite, des auxiliaires précieux. Hélas, on ne le voulut pas et l'on vit, par exemple, ces malheureux Douaïr et Zemala, des plaines oranaises, conduits par leur chef Moustafa-ben-Ismaïl, solliciter en vain, pendant des années, l'entrée à notre service, être repoussés et dépouillés par nous, et demeurer livrés, par nos généraux, à la vengeance d'Abd-el-Kader.

Un autre élément utile étaient les Koulour'lis, forcés aussi de venir à nous, par la haine que leur portaient les indigènes. Ceux de Tlemcen et de l'Ouad Zitoun en donnèrent mainte preuve, et pourtant nous les laissâmes massacrer par l'émir (1).

Enfin, les vastes territoires domaniaux, exploités par le gouvernement turc, dans les provinces de Constantine et d'Alger, désignés sous le nom d'Azel, étaient occupés par des tenanciers servant un fermage (Hokor) et soumis à des prestations diverses. Peu belliqueux et nullement organisés pour la guerre, ces cultivateurs se seraient soumis à quiconque les eût laissés en place.

L'emploi judicieux de ces divers éléments eût permis de consolider provisoirement

(1) A Tlemcen en 1835 et à l'Ouad Zitoun en 1839.

notre prise de possession des régions centrales, sans exiger un gros effectif de troupes
françaises.

Tout différents étaient la condition et les
sentiments des indigènes constitués en tribus
par les Turcs, et placés sous le commandement de caïds et autres chefs. Nous avons
déjà dit, qu'en général, ces peuplades victimes d'exactions de toute sorte, sans sécurité du lendemain, entraînées dans la révolte,
même par leurs propres chefs, ou victimes
des razzias dirigées ou tolérées par les Turcs,
en étaient arrivées à vivre dans un état per-
manent de guerre et de lutte. Celles-là, pour
rentrer dans une situation normale, devaient
être domptées et cantonnées dans leurs territoires ; il eût fallu les désarmer, leur donner
une autre organisation, les fixer au sol par
le droit de propriété, afin de les amener, peu
à peu, à oublier leurs anciennes habitudes.
Plusieurs, formant de véritables confédéra-
tions, devaient nous créer bien des difficultés et fournir aux agitateurs, des contin-
gents toujours prêts à monter à cheval et à
se ruer au pillage.

Un grand nombre d'autres tribus, moins
importantes, suivaient le sort de leurs voisines ; enfin, sur les confins des régions non

pénétrées, s'étendaient des peuplades mixtes vivant de brigandage et peu disposées à laisser le passage libre.

Au sud, la ligne des hauts plateaux était garnie par des tribus guerrières, en général d'origine arabe, toujours prêtes à envahir le Tell.

Les grands feudataires indigènes.

Dans chaque région, s'étaient formées de puissantes familles de chefs indigènes, véritables seigneurs féodaux, investis par les Turcs. Ils leur servaient les tributs d'usage, mais entendaient rester maîtres chez eux, et leur fidélité ne se prolongeait que jusqu'au moment où l'heure de la révolte était sonnée. Ils constituaient une puissance, atténuée presque partout par leurs dissensions intestines.

Ces grands feudataires avaient formé un rouage en quelque sorte indispensable sous le régime turc. Aussi ne pouvaient-ils vivre qu'en restant dans des conditions analogues; il n'était donc pas douteux qu'après avoir sauvé les apparences, ils ne nous offrissent leurs services, à la condition de conserver leurs avantages. C'est ce qui eut lieu, lorsque la France se vit forcée d'occuper et d'administrer l'intérieur du pays.

Il fallut bien, dans les premiers temps, accepter leur concours ; mais il en résulta le maintien d'un *statu quo* que nous ne pouvions tolérer ; la transition aurait dû être beaucoup plus courte, et restreinte à certains points, au lieu d'être générale.

Foyers de résistance. — Anarchie traditionnelle.

Quant au reste du pays, il demeurait de plus en plus indépendant et constituait partout des foyers prêts à la résistance contre notre domination. Cependant, la situation était la même, depuis l'époque la plus reculée et le mauvais effet qu'elle aurait produit ailleurs se trouvait atténué par l'habitude et encore plus par les rivalités séculaires et les haines de race.

La guerre qui se préparait et les difficultés que nous allions rencontrer n'étaient donc pas provoquées par l'explosion d'un sentiment patriotique contre l'étranger. La haine religieuse devait certainement y jouer un rôle, mais beaucoup moins déterminant qu'on ne l'a cru. Ces populations étaient trop divisées ; elles avaient supporté durant trop longtemps le régime oppressif et démoralisant des Turcs, pour que le levier des idées généreuses et patriotiques eût pu avoir une action sérieuse sur elles.

Nos hésitations encouragent la résistance et tendent à reconstituer la nationalité.

Nous l'avons dit : Si, après la chute d'Alger, nos généraux avaient envoyé quelques colonnes prendre possession des principaux points, la conquête eût été bientôt faite. On aurait pu encore n'avancer que méthodiquement et au fur et à mesure qu'on était à même d'occuper et d'organiser. Nos hésitations, nos erreurs, ont poussé les indigènes à s'organiser contre nous, souvent malgré eux. Ces esprits simples s'inclinent devant les résolutions fermes, en se soumettant aux décrets du destin : ils ne comprennent pas les motifs qui peuvent décider le fort à ajourner les actes décisifs, à hésiter, à ménager, à reculer ; ils n'y voient que la manifestation de l'intervention divine frappant leurs cœurs de crainte et de faiblesse ; aussitôt ils reprennent courage et se précipitent au combat.

Nous allions, durant de longues années,

nous épuiser en efforts pour donner aux indigènes une nationalité et une indépendance qu'ils n'avaient pas, et même leur fournir les chefs sérieux qui leur manquaient ; après quoi, il faudrait nous consacrer, — au prix de quelles peines ! — à vaincre ces chefs et à détruire cette nationalité.

En constatant avec douleur ces faits, nous n'avons nullement la pensée de reprocher à nos braves officiers les déplorables erreurs du début et de diminuer leur mérite. La responsabilité en incombe, du reste, au gouvernement, dont l'indécision, la pusillanimité, et le manque d'esprit de suite, mettaient les commandants locaux dans l'impossibilité d'agir, et leur interdisaient toute initiative.

Pour profiter des leçons de l'expérience, il faut, *avant tout, être sincère* et ne rien dissimuler, tel est le devoir de l'historien et du philosophe ; la seule chose à exiger de lui, c'est qu'il ne s'écarte jamais des règles immuables de la *justice*, appuyées sur la *vérité*.

CHAPITRE III

Les indigènes sous notre domination. Régime militaire.

L'occupation restreinte à quelques points du littoral.

On a vu la situation, si favorable pour nous, dans laquelle se trouvait l'Algérie en 1830. Malheureusement, la chute du gouvernement qui avait entrepris l'expédition, les difficultés rencontrées par l'installation du nouveau régime, n'étaient guère favorables aux résolutions nécessaires pour remédier à l'absence de plan. Le général Clauzel, gouverneur intérimaire, avait reçu l'ordre formel de ne rien entreprendre ; mais de divers points de la régence on réclamait son intervention, on invitait la France à prendre possession des places. Ce fut alors que ce général eut l'idée d'affermer, en quelque sorte, les provinces d'Oran et de Constantine à deux frères du bey de Tunis (1).

Une colonne avait conduit un autre bey à Médéa, pour l'y abandonner, sans forces ni moyens d'action, inaugurant ainsi le système des expéditions suivies de l'évacuation immédiate des conquêtes; à peine l'armée s'était-elle éloignée, que ceux qui nous avaient appelés ou aidés, tombaient sous les coups des autres. En septembre 1831, on se décida à occuper Oran. Trois gouverneurs se succédèrent à Alger dans l'espace de deux ans. Quelques villes du littoral furent occupées.

Le général Desmichels traite avec Abd-el-Kader et le reconnaît Emir des musulmans.

En 1833, le général Desmichels vint prendre le commandement d'Oran. La garnison y était à peu près bloquée: et cependant des offres réitérées de concours et de soumission étaient faites de divers côtés. Les Koulouglis de Tlemcen, retranchés dans le Mechouar, appelaient, avec insistance, les Français. Les tribus Makhezen des Douairs et Zemala ne demandaient qu'à passer à notre service;

(1) Voir Ménerville, t. I.

plusieurs grands chefs, tels que Moustafa-ben-Ismaïl, Sidi-Laribi et autres, cherchaient l'occasion de traiter avec nous.

Desmichels n'y comprenait rien ; et cela d'autant moins qu'il avait apporté de France des idées préconçues, tout un plan, de sorte qu'il se trouvait voué aux erreurs et mal préparé à juger sainement. Après avoir repoussé ceux qu'il devait accueillir (1), il tomba entre les mains des agents de celui qui devait être notre plus dangereux ennemi.

Depuis quelque temps, un jeune homme, fils d'El-Hadj-Mohi-ed-Dine, marabout des Hachem, s'était installé à Maskara, d'où il appelait les fidèles aux armes, promettant de se mettre à leur tête pour les conduire à la victoire et expulser les chrétiens du sol sacré de l'Islam. Il se nommait El-Hadj-Abd-el-Kader ; il avait le don d'entraîner les masses par sa parole et sous les dehors d'une piété sincère, cachait une ambition sans limites. Les principaux chefs de la province, froissés des prétentions et même de certains actes de ce nouveau rival, se disposaient à marcher contre lui. Sa carrière semblait compromise à jamais et ses adhérents commençaient à

(1) Le brave Moustafa-ben-Ismaïl, qui devait nous rendre tant de services, fut même jeté en prison.

l'abandonner, lorsque la face des choses changea du tout au tout.

Abd-el-Kader avait à Oran des agents actifs (1); ils se mirent en relations avec le général Desmichels et lui persuadèrent que leur maître était un grand prince, auquel toute la province obéissait; peut-être consentirait-il à traiter avec les Français et à devenir leur allié fidèle. C'était précisément ce que cherchait le général; il avait repoussé les avances des hommes capables de nous servir; mais il s'empressa de traiter, d'égal à égal, avec le jeune marabout décoré par lui du titre de *prince des croyants.*

Le texte français du traité semblait consacrer une sorte de vassalité, avec des avantages considérables pour l'émir. Mais le texte arabe, plus favorable encore à Abd-el-Kader, au point de vue matériel, ne parlait que d'une alliance, sans la moindre subordination à la France.

Conséquences de cette faute.

Ce fut ainsi que les indigènes de la province d'Oran reçurent un sultan de notre main et

(1) Juifs, naturellement. (Voir les *Annales Algériennes*, de PELLISSIER DE REYNAUD et l'*Histoire d'Abd-el-Kader*, par BELLE-MARE.)

qu'Abd-el-Kader échappa à un désastre inévitable. Une faute en entraîne toujours d'autres; les ennemis de l'émir et les tribus qui voulaient nous servir devinrent nos adversaires; nous perdîmes leur concours et livrâmes à notre *vassal* toutes les populations de la province. En présence d'une semblable politique, les indigènes ne pouvaient plus venir à nous; en réalité, on les forçait de nous combattre.

Des commandants tels que Desmichels firent donc le contraire de ce qu'il fallait pour réparer les retards du début.

Cet officier est inexcusable d'avoir traité dans ces conditions, avec un inconnu n'offrant pas de garanties et qu'il n'avait aucun motif de préférer, au contraire; mais il faut reconnaître que ses instructions lui prescrivaient de chercher un vassal sérieux pour lui confier le gouvernement des indigènes de l'intérieur. Tel était l'idéal poursuivi par le ministère, et le maintien de ce plan devait peser longtemps sur la conquête.

Rupture avec Abd-el-Kader. — Expéditions de Clauzel non suivies d'occupation.

La rupture avec Abd-el-Kader n'avait pas tardé à éclater; la province étant mise à feu et à sang, le général Trézel marcha contre les rebelles, mais ce fut pour éprouver la triste défaite de la Makta. Il fallait une revanche éclatante. En 1835, le maréchal Clauzel débarque à Oran, où des forces considérables étaient réunies, puis il se met à la tête des troupes et marche sur Maskara, capitale de l'émir. Celui-ci n'essaye même pas de lui disputer le passage; abandonné par ses adhérents, il se réfugie presque seul dans la campagne, cherchant en vain un asile.

Maître de Maskara, où étaient accourus beaucoup de gens chassés par Abd-el-Kader, le maréchal avait deux choses à faire : occuper la place et faire poursuivre l'émir qui serait infailliblement tombé entre ses mains. Cela suffisait pour réparer nos fautes antérieures. Clauzel ne fit ni l'un ni l'autre; après une journée de séjour consacrée au pillage, l'armée reprit la route d'Oran, non sans avoir essayé de détruire, par le feu, la malheureuse ville.

Lors de la marche en avant, l'ennemi ne s'était pas montré: en voyant la retraite des Français, il accourut de tous les points et attaqua sans cesse l'arrière-garde. En même temps, Abd-el-Kader sortait de sa cachette, rentrait à Maskara, rappelait à lui ses partisans et ne tardait pas à reprendre la campagne. Une promenade militaire tout aussi inutile fut exécutée à Tlemcen; puis le maréchal s'embarqua pour Alger (1).

En vérité, l'interdiction d'occuper aucun poste dans l'intérieur avait de tristes conséquences. Toutes ces expéditions fatigantes, coûteuses, parfois meurtrières, n'étaient pas seulement inutiles, mais nuisibles; elles laissaient croire que nous avions peur, tout au moins que nous n'osions nous installer et étaient suivies de représailles exercées par Abd-el-Kader sur les populations qui ne luttaient pas suffisamment à son gré, ou avaient été contraintes de se soumettre à nous, lors de notre passage. Voilà ce que les indigènes gagnaient à nous aider.

Bugeaud conclut avec Abd-el-Kader le fatal traité de la Tafna.

Bientôt, toute la province d'Oran fut en insurrection. Au printemps de 1836, le général Bugeaud prit la direction de la campagne contre l'émir, lui infligea de graves échecs et

(1) Voir : *Récits* du duc d'Orléans. — *Annales* de PELLISSIER DE REYNAUD, etc.

faillit le faire prisonnier; quelques efforts de plus et peut-être fût-on venu à bout de cet ennemi que rien ne pouvait abattre; le général ramena ses troupes à Oran; après un séjour qui lui permit d'entrer en relations avec diverses personnalités de cette ville, il s'embarqua pour rentrer en France.

Dans les premiers mois de l'année suivante (1837), Bugeaud revenait à Oran; ayant réuni une colonne assez forte, il alla ravitailler Tlemcen, puis se porta sur la Tafna, où l'on pensait qu'Abd-el-Kader ne tarderait pas à venir. Il arriva, en effet, mais se tint à distance; Français et Arabes restaient dans leurs campements; et les émissaires affairés ne cessaient de circuler des uns aux autres. Enfin le 30 mai, le représentant de la France signait avec l'émir ce monument de honte et d'infamie qui a nom *traité de la Tafna*.

Non seulement il abandonne à l'émir toute la province d'Oran, en ne conservant avec le chef-lieu, que Mostaganem et Arzeu, — de sorte qu'il faut lui livrer Tlemcen et son port Rachgoun, occupés et fortifiés au prix de tant de peines, — mais encore il lui concède la province d'Alger, moins cette ville et la Mitidja, c'est-à-dire les régions de l'est où il est inconnu et n'a exercé encore aucune action.

Bugeaud l'en gratifie par surcroît, sans même prendre l'avis de son chef, le gouverneur général, au moment où le brave Perrégaux vient de soumettre la vallée du Chelif!

Un tel aveuglement, une pareille succession de fautes confondent la raison ; mais lorsqu'on constate leurs conséquences, un sentiment de protestation et de révolte envahit le cœur du patriote. Bugeaud avait, paraît-il, promis au roi de régler définitivement la question d'Abd-el-Kader et de faire de lui un vassal soumis et respectueux. Comment un esprit clair et avisé tel que le sien avait-il pu se laisser abuser par le rusé marabout et ses agents corrupteurs, au point de livrer ainsi l'honneur de la France et de compromettre son œuvre en Afrique?

La faute inexpiable de Desmichels n'avait donc pas ouvert les yeux de nos généraux? Le traité de la Tafna la justifiait et l'aggravait dans des proportions inouïes ! (1)

Les indigènes repoussés par nous et forcés de nous combattre.

Mais revenons à l'étude de ce qui concerne

(1) Faut-il rappeler que les juifs Bakri, Durand, Bouchenak, Ben-Tata et autres furent les mauvais génies de Desmichels, de de Brossard et de Bugeaud.

particulièrement la population indigène ; depuis sept ans, elle ne demandait qu'à venir à nous, pour jouir de notre protection ; depuis sept ans nous la repoussions, la livrant à nos ennemis irréconciliables et la forçant à nous combattre.

Facilité de la prise de possession de la province de Constantine.

Dans la vaste province de l'est, il n'en était pas ainsi ; il est vrai que nous n'y avions pas grand mérite. En vain avait-on essayé d'y créer un autre *émir,* en traitant avec Ahmed-Bey. Cet homme énergique manquait des qualités qui faisaient d'Abd-el-Kader un ennemi si redoutable. Ce fut notre salut ; avec un adversaire de cette force à l'est et à l'ouest, nous eussions été contraints d'évacuer le pays. Maîtres de Bône et de Bougie, nous tenions le bey de Constantine dans une position précaire. Son brutal entêtement obligea enfin de marcher contre lui (1) ; après la déplorable tentative de Clauzel, en novembre 1836, qui, malgré tout, avait failli réussir, eut lieu la

______

(1) Voir pour les essais de traité avec ce bey, les *Annales,* de PELLISSIER DE REYNAUD et les *Souvenirs de Campagne,* du duc D'ORLÉANS.

glorieuse expédition d'octobre 1837, dont le succès fut complet, mais chèrement acheté.

Il est heureux qu'on ait fait exception au principe de non occupation et consenti à garder, ne fût-ce qu'à titre provisoire, cette conquête. Grâce à ce point d'appui, et bien qu'Ahmed-Bey dût tenir la campagne pendant plus de dix ans, la soumission de la province et l'extension de notre autorité s'effectuèrent régulièrement et sans grandes difficultés.

Les difficultés dans la province d'Oran ont été créées par nous.

Cependant, l'état social des indigènes n'était pas sensiblement différent de celui des populations de l'ouest. Le pays était plus vaste, plus montagneux, plus difficile, par conséquent moins aisé à soumettre. Mais on n'y était pas gêné par un Abd-el-Kader et l'on n'avait pu y conclure un traité de la Tafna ; cela démontre, sans conteste, que, si nous n'avions pas créé de toutes pièces l'émir et favorisé le développement de sa puissance, l'occupation des provinces d'Alger et d'Oran eût été une opération plus simple et plus facile que celle de Constantine.

Rupture définitive avec Abd-el-Kader.

Jusqu'à la fin de 1839, le maréchal Valée, gouverneur de l'Algérie, s'efforça d'éviter une rupture imminente avec Abd-el-Kader, en se pliant à tous ses caprices, en supportant les plus sanglants affronts. Appuyé sur le traité de la Tafna, l'émir prétendait étendre la limite orientale de son empire jusqu'à Dellys, et se préparait à la guerre, en organisant des bataillons de réguliers, de la cavalerie, et en créant une fonderie de canons. Nous lui fournissions pour cela des instructeurs, des munitions, des ingénieurs !

Saisissant le prétexte de la promenade du duc d'Orléans, de Constantine à Alger, Abd-el-Kader entama vigoureusement les hostilités (novembre 1839), en envahissant la Mitidja, détruisant notre colonisation naissante et répandant la désolation et le massacre jusqu'aux portes de la capitale. Dès lors s'écroulèrent les rêves d'occupation restreinte et de suzeraineté appuyée sur des vassaux indigènes ; il fallut bien conquérir pour soi. Bugeaud prit, à la fin de 1840, la direction de la guerre et la mena avec autant d'habileté que de vigueur.

Mais sept années de luttes acharnées furent nécessaires pour dompter et capturer l'audacieux émir (1).

La guerre avec l'émir force à cocuper les régions conquises.

On ne vit plus de ces expéditions où, après de glorieux combats, nos troupes abandonnaient le pays conquis. Des postes militaires et des villes se fondèrent sur leurs traces, offrant partout des points d'appui et des ravitaillements. En même temps, des commandants militaires, assistés du personnel intelligent et dévoué des bureaux arabes, s'appliquèrent à organiser et administrer les régions, à maintenir les populations dans l'obéissance et à les protéger contre les entreprises des rebelles.

Ainsi, ce fut notre vassal, Abd-el-Kader, qui nous força à prendre possession de notre domaine algérien du centre et de l'ouest, comme Ahmed-Bey l'avait fait à l'est. Par une aberration dont il est de plus en plus difficile de s'expliquer les motifs, à mesure que les faits démontrent la fausseté de la

(1) *Annales Algériennes,* t. II et III.

conception, le gouvernement prétendait se contenter de l'occupation de points isolés du littoral et voulait laisser, livrée à elle-même, cette nombreuse population de l'intérieur, sous la houlette de *princes* indigènes, alliés ou tributaires !

Les Espagnols et, dans une large mesure, les Romains avaient commis la même faute : ils en supportèrent les funestes conséquences. Nous eûmes sur eux ce grand avantage que les inconvénients du système se manifestèrent avec une gravité telle qu'il fallut l'abandonner. A ce point de vue, Abd-el-Kader nous rendit service. Abd-el-Kader, seul, fut l'âme de la résistance. Les indigènes ne combattaient que contraints par lui.

Cet exposé des difficultés rencontrées ou créées par le gouvernement français et ses représentants, dans la première période de l'occupation était indispensable pour permettre de comprendre comment elles ont pu se produire, étant donnée la situation du pays en 1830, et comment elles ont cessé, après la chute du seul homme auquel elles étaient dues.

Ces longues années de guerres ont fait croire à l'existence d'un sentiment national groupant les indigènes pour repousser le chrétien. Il n'en est rien, à l'exception, toutefois, d'un point isolé, la Grande-Kabylie, dont la défense fut bien celle de gens luttant pour leur indépendance. Constatons, d'abord, que l'immense province de Constantine n'offrit aucune opposition générale à notre extension.

En réalité, la guerre fut concentrée dans les parties centrale et méridionale de la province d'Oran et dans l'ouest de celle d'Alger. Elle fut l'œuvre exclusive d'un homme de génie, doué d'une énergie, d'une ténacité, d'une habileté rares, d'un de ces meneurs de masses qui se rencontrent une fois dans l'histoire d'une nation. Et cet adversaire, nous l'avions sauvé à ses débuts, préféré à ses rivaux et imposé à nos sujets et à nous-mêmes ! Il faut convenir aussi qu'on lui avait fait trop beau jeu. Dès qu'il fut combattu comme il devait l'être, il ne tarda pas à être rejeté dans les hauts plateaux, puis vers le Maroc : après sa capture, toute résistance cessa.

Ainsi, c'est à la fausse conception du régime de l'occupation restreinte, à l'aveuglement et à la faiblesse des parrains d'Abd-el-Kader, que sont dus les malheurs de ces dix-sept premières années. Tant de luttes, de sang versé des deux côtés, de massacres, de destructions, de sacrifices de toute sorte, de haines inexpiables, pouvaient, devaient être évitées !

Conséquences fâcheuses de ces guerres. Préventions réciproques.

Plusieurs faits regrettables en résultèrent par voie de conséquence. Nos erreurs et nos préventions à l'égard des indigènes en furent augmentées et l'on attribua à la résistance un caractère qu'elle n'avait pas. D'autre part, les pertes et les ruines qu'elles causèrent, les violences inévitables qui l'accompagnèrent, creusèrent un fossé entre les adversaires de la veille ; si une chose doit surprendre, c'est que l'inimitié ne se manifesta pas par des actes plus graves et qu'elle s'atténua aussi vite, en ne laissant que de vagues souvenirs.

Quant aux officiers qui furent chargés d'administrer les populations qu'ils venaient de soumettre, ils ne pouvaient faire abstraction d'un passé aussi récent. La rigueur, la défiance leur semblaient le premier devoir, en dépit de l'humanité et de la justice dont ils s'inspiraient ; dans ces conditions le rapprochement devenait plus difficile, les préventions ne pouvaient s'effacer qu'avec le temps.

Organisation des populations, calquée sur le système turc.

Le système politique que l'on fut forcé d'adopter sans transition, eut un autre inconvénient. Si l'occupation et l'extension de notre autorité s'étaient opérées normalement, on aurait eu le temps d'étudier les hommes et les choses selon les localités et d'agir d'après la logique et le bon sens. Du jour au lendemain, il fallut accueillir les soumissions, organiser le commandement de ces masses indigènes jusque-là inconnues, hostiles, et, comme le temps manquait, on accepta nécessairement le concours de personnalités plus ou moins dignes, mais toujours incapables de renseigner avec sécurité et compétence les nouveaux maîtres et ayant intérêt à les maintenir dans l'erreur.

C'est pourquoi, la réorganisation des populations indigènes fut calquée sur le régime turc, avec cette différence qu'on les plaça sous la règle des tribus Makhezen et que toutes se trouvèrent astreintes au service de guerre, en fournissant des cavaliers armés, sous le nom de goum.

A la tête des anciens groupements reconstitués, on plaça des caïds, des aghas et bach-agha, enfin le commandement de vastes régions fut dévolu à des khalifa.

Fausseté de cette conception. — Maintien des indigènes sur pied de guerre.

Cette organisation avait pour premier défaut d'être essentiellement militaire et d'entretenir chez nos indigènes le goût de la guerre et des razzias ; elle en avait un plus grand encore, celui de soustraire ces peuplades à notre action directe et de les abandonner à des chefs imbus des traditions immorales des Turcs, s'interposant entre elles et nos officiers. On arriva ainsi à constituer en corps de nation, avec des chefs et une organisation particuliers, une population qu'il était de notre intérêt de disjoindre, d'amener à nous et de ne pas maintenir sur le pied guerre. Certains officiers des bureaux arabes le comprirent et s'attachèrent à administrer directement leurs tribus, en laissant au second plan les chefs indigènes. Ils acquirent une grande influence par leur fermeté et leur justice et ce fut avec la plus entière confiance que les Arabes accoururent vers eux et se soumirent à leurs décisions.

Les populations restent livrées aux chefs indigènes.

Malheureusement, ce fut l'exception ; l'influence funeste des intermédiaires indigènes empêcha ces exemples de porter leurs fruits. En réalité, le système de gouvernement adopté depuis 1840, reconstituait en l'aggravant le régime turc ; c'était un royaume arabe à forme militaire. Les populations réunies arbitrairement dans le cadre appelé tribu, restaient parquées sous l'autorité directe des chefs indigènes relevant des bureaux arabes et des commandants de cercle établis dans des centres plus ou moins éloignés. Le caïd rendait compte de ce qui se passait dans sa tribu, cachant ce qu'il voulait et présentant les faits sous l'aspect qu'il jugeait devoir leur donner. Il recouvrait les impôts et les amendes ; fournissait les corvées requises et conduisait le goum aux expéditions ; en un mot, il était le maître. Cela est si vrai, que pour faire cesser l'insécurité en pays arabe, le maréchal Bugeaud, dans une ordonnance demeurée célèbre (1), rendit les chefs et subséquemment les tribus, responsables des crimes commis sur leur territoire.

Persistance de l'autorité militaire à maintenir les indigènes à l'écart, sous son commandement.

Que cette organisation eût été adoptée dans les premiers moments de l'occupation, cela se comprendrait, mais à titre provisoire, car elle ne répondait pas à l'intérêt français et encore moins à celui des indigènes. Elle ne résultait que de la nécessité passagère, non d'une conception raisonnnée de la question dégagée des entraînements du passé pour envisager l'avenir, au point de vue national et humanitaire.

Mais il arriva que les officiers détachés à ce service, — depuis le dernier adjoint de bureau arabe, jusqu'aux généraux et aux gouverneurs, — prirent goût à des fonctions intéressantes et offrant des satisfactions diverses. Ils trouvèrent l'organisation parfaite et au lieu d'en préparer la transformation normale, ne s'appliquèrent qu'à la maintenir intacte et à défendre leurs prérogatives. Ils ne comprirent pas que cela les conduisait

(1) De 1843. (Voir Menerville, t. I.)

forcément à devenir les adversaires de la colonisation française, en même temps que les ennemis de tout progrès pour les indigènes, et à se mettre en contradiction avec les lois qui régissent les sociétés, au seul profit de la féodalité arabe, ancienne et nouvelle.

Invention de la « propriété collective des tribus ». Le cantonnement.

Mais il fallut justifier le système en s'appuyant sur des faits économiques et démontrer la nécessité de son maintien, en faisant entrevoir les dangers qui résulteraient de toute modification. Ce fut ainsi que se créa la légende du *peuple arabe* d'Algérie, de ses institutions et de ses apirations. L'imagination de nos officiers et les renseignements fournis par les chefs indigènes, en composèrent les éléments. Le succès fut complet et cette semence d'erreurs de toute sorte ne tarda pas à donner de tristes récoltes.

Déjà les ordonnances de 1844 et 1846 avaient consacré le principe du domaine *collectif* de la *tribu*, fermée et inaliénable. La loi de 1851, si simple et si logique, ne s'appliqua qu'aux territoires de droit commun, — c'est-à-dire soumis à l'autorité civile. Mais il fallait des terres pour la colonisation et, dès 1849, le général Charon, gouverneur par intérim, obtenait d'un *légiste* demeuré inconnu, une consultation, basée sur les règles de la loi islamique et d'où il semblait résulter que les indigènes d'Algérie n'étaient pas propriétaires des terrains occcupés par eux (1). On en conclut qu'il y avait lieu de laisser à ces cultivateurs les terres dont ils avaient besoin et de remettre le reste au domaine pour alimenter le service de la colonisation, d'où la nécessité d'entreprendre l'opération qu'on a appelée le cantonnement des tribus.

Conquête des régions du sud et de la Grande-Kabylie.

La cessation de la lutte contre Abd-el-Kader, ayant rendu les forces locales disponibles, les généraux en profitèrent pour étendre notre autorité sur les oasis du sud, et les montagnes reculées, où l'action des Turcs n'avait, pour ainsi dire, pas pu s'exercer. Restait la Grande-Kabylie ; de 1851 à 1855, on s'établit sur ses confins et, en 1857,

______

(1) Nous reviendrons plus loin sur cette question.

nos vaillantes troupes pénétrèrent au cœur du pays. Une forteresse fut construite sur le grand marché des Beni-Raten et des routes ouvrirent définitivement cette âpre contrée à notre autorité.

La période de la conquête était close; notre drapeau flottait sur tous les points et nous avions effectué, depuis 1840, en dix-sept ans, ce que ni les Romains, ni les Turcs n'avaient su faire durant de longs siècles.

Réaction avortée contre le régime militaire.

Aussitôt une réaction se produisit contre le *régime militaire*. On oublia les services rendus par l'armée pour ne retenir que les fautes et les erreurs. Les *Bureaux arabes* devinrent la personnification de ce système ennemi de la colonisation. Leur parti était puissant; il essaya en vain de résister. En 1858, le gouvernement général fut supprimé et le ministère de l'Algérie créé. Des hommes ardents entreprirent la transformation immédiate de l'administration indigène et ne trouvèrent rien de mieux que de remplacer les bureaux arabes militaires par des bureaux arabes civils, ayant les inconvénients des précédents sans leurs avantages. Après bien des fautes, l'ère des réformes fut suspendue, puis, le 10 décembre 1860, un décret supprima le ministère de l'Algérie et rétablit le gouvernement général. Peu après le maréchal Pélissier en était nommé titulaire.

Essai de fondation du « royaume arabe ».

C'était la revanche du parti militaire et le triomphe des bureaux arabes. Ils en usèrent sans modération, et annoncèrent l'avènement prochain du *royaume arabe*, et la liquidation de la colonisation. La lettre de l'empereur contenant de si imprudentes déclarations et le sénatus-consulte du 8 mai 1863, si mal compris alors, semblèrent leur donner raison. Partout, du reste, les populations indigènes avaient été soustraites à l'autorité civile, réformées en tribus, munies de caïds et replacées sous la tutelle des bureaux arabes. Les mesures prises séparaient d'une manière absolue les *Arabes* des Européens, en empêchant tout contact entre les deux éléments.

Graves Révoltes — Famine de 1867-1868.

Des faits inattendus vinrent renverser les combinaisons des auteurs de cette entreprise.

Après deux insurrections dans la Kabylie orientale (1862-1863), éclata comme un coup de foudre la révolte des Oulad-Sidi-Cheik, qui s'étendit des hauts plateaux de la province d'Oran à ceux de Constantine et pendant deux ans tint en échec nos colonnes, menaçant, même, notre établissement. On avait prétendu faire le bonheur des indigènes en les soustrayant au contact des colons et à l'autorité civile, pour former un royaume exclusivement arabe ; ils y répondaient par une révolte qui faillit devenir générale. Quant à ceux qui les entraînaient, c'était précisément les grands chefs, coryphées de ce régime.

A peine sorti de cette épreuve, le gouvernement militaire se trouva aux prises avec une calamité plus grave encore : la famine de 1867-1868, qu'il n'avait rien fait pour conjurer et dont le maximum d'intensité se fit sentir précisément dans ces tribus dont les bureaux arabes s'étaient réservé la tutelle. Elles furent dépeuplées, ruinées, tandis que les indigènes des territoires civils, aidés par les Européens, supportaient la crise.

Chute du régime militaire. — Révolte de 1871.

Un régime quelconque ne survit pas à de tels désastres. Le royaume arabe en fut tué ; au commencement de la fatale année 1870, le corps législatif de l'empire, consacra par un vote solennel, la chute du gouvernement militaire et la collation des libertés nécessaires à l'Algérie émancipée sous une constitution largement autonome.

La guerre et les désastres qui en furent la conséquence laissèrent tout en suspens. Puis éclata la révolte indigène de 1871, provoquée par le khalifa Mokrani, l'un des grands chefs le plus comblé de faveurs par l'empire. Toutes les régions kabyles en furent embrasées et elle ne cessa qu'avec la mort de son promoteur.

Fin de la première période.

La première période de l'histoire de l'occupation française en Algérie se termine à la chute du gouvernement militaire. Les fautes du début, les erreurs et les tâtonnements qui suivirent avaient eu un contre-coup fatal sur les populations indigènes décimées par des guerres inutiles et dont la situation restait indécise et précaire. Néanmoins la colonisation française s'était étendue, en dépit de toutes les entraves, exerçant son action sur la société musulmane. Ces funestes écoles avaient-elles, enfin, ouvert les yeux des plus prévenus ; la vérité allait-elle se dégager et indiquer la voie à suivre?

C'est ce que nous allons étudier dans les chapitres suivants.

CHAPITRE IV

Les indigènes sous notre domination
(de 1870 à nos jours).

Les sacrifices exigés par l'entreprise auraient dû être moins lourds.

Les trente et une premières années de domination française sous l'autorité militaire auraient pu donner des résultats plus complets, plus décisifs, moins chèrement achetés ; dans tous les cas, la soumission du pays était achevée, de la Méditerranée au Sahara, et l'occupation européenne implantée partout. On doit donc oublier les fautes, rançon de tout progrès ; mais il faudra toujours regretter tant de sang généreux versé, tant de sacrifices de toute sorte, que la conquête ne nécessitait pas.

Quant aux indigènes, ils auraient eu plus que qui que ce soit, le droit de se plaindre des malheurs dont ils n'avaient cessé d'être victimes ; depuis les trois dernières années, ils avaient supporté une épouvantable famine et une grande révolte qui les laissaient décimés ou ruinés. Dans toute cette période, une mesure bien comprise avait été édictée et les effets devaient en être considérables. C'était le sénatus-consulte de 1863.

Le sénatus-consulte de 1863.

On a vu comment s'était formée en 1849, la conception du *cantonnement des tribus*. De 1856 à 1861, on en essaya l'application, par différents systèmes, lents et coûteux, mais donnant des résultats à peu près nuls. On cherchait un procédé plus pratique, lorsque Napoléon III fit voter et promulgua son sénatus-consulte. Repoussant les théories inspirées des traditions turques, l'empereur comprit que le premier besoin de la société indigène, consistait à asseoir définitivement le régime de la propriété rurale. L'article 1er déclare *les tribus* propriétaires des territoires qu'elles occupent d'une manière permanente et traditionnelle. Les articles suivants disposent qu'on déterminera d'abord les limites des tribus ; puis celles des douars les composant ; qu'ensuite on reconnaîtra les propriétés privées (melk) se trouvant dans chaque douar ; après quoi, prélèvement fait des parties domaniales et des communaux, le reste sera attribué, à titre de propriété individuelle, aux cultivateurs jouissant de chaque parcelle.

Napoléon III, faisait ainsi cesser les fausses appréciations admises jusqu'alors et replaçait la situation dans son état réel. En même temps, il détruisait cette unité factice léguée par les Turcs sous le nom de tribu, en la remplaçant par le *douar*, appellation souvent inexacte, mais caractérisant des groupements beaucoup plus conformes à la réalité ethnographique. Enfin la destruction de la tribu devait entraîner la disparition du chef indigène, et la reconnaissance de la propriété individuelle donnerait au sujet musulman une dignité et une indépendance naguère inconnues.

Portée de cette mesure. — Son application.

En Algérie, les Européens n'aperçurent pas les germes de la révolution économique et politique contenus dans cette loi ; ils n'y virent, au contraire, qu'une sorte de consécration du fameux royaume arabe. Peut-être les auteurs de la mesure n'en saisirent-ils pas eux-mêmes toute la portée. Seul, parmi ses collègues, un sénateur, grand propriétaire en Algérie, F. Barot, en eut la claire vision et déclara qu'il votait la loi parce qu'elle entraînerait la chute de la féodalité arabe.

De 1864 à 1870, l'autorité militaire procéda activement à la délimitation des tribus et des douars, énorme travail qu'elle laissa à peu près achevé. Dès 1872, l'Assemblée nationale comprenant six représentants algériens, eut à statuer sur une loi présentée par le gouvernement et qui avait pour but de constituer la propriété individuelle, chez les indigènes de l'Algérie. Il en sortit la loi du 26 juillet 1873.

Lois de 1873 et de 1887.

Nous ne rappellerons pas ici les nombreuses et légitimes critiques auxquelles cet instrument a donné lieu (1). Disons seulement qu'un certain nombre de titres individuels furent délivrés sous son égide. La loi de 1887 la modifia en la simplifiant, et permit de continuer cette œuvre, jusqu'à la suspension

(1) Nous l'avons fait dans notre travail *La Propriété indigène* (Alger, Jourdan).

des opérations en 1892 : nous en apprécierons les effets plus loin.

Extension de la colonisation. — Pénétration des masses indigènes.

Bien que le régime militaire eût cessé d'exister en droit, le gouvernement jugea prudent, au lendemain de la révolte de 1871, de placer d'abord à la tête de l'Algérie un amiral, puis un général. Mais les tendances d'autrefois étaient remplacées par le mandat d'étendre la colonisation ; les séquestres infligés à la suite de la révolte fournissaient de nouveaux champs d'exploitation, et les émigrants des provinces perdues, joints aux éléments locaux, permettaient de les concéder. Ainsi les masses compactes de l'ancien royaume arabe se trouvèrent rompues, divisées, au profit des intérêts coloniaux, de la production et de la sécurité.

En même temps, l'administration civile se substituait, peu à peu, aux bureaux arabes et les caïds étaient remplacés par de simples cheikhs de douars. La justice civile étendait aussi son action ; cependant la transformation ne s'effectuait qu'avec une sage lenteur.

Organisation de l'administration civile.
Les communes mixtes.

Au mois de mars 1879 fut nommé le premier gouverneur civil, en la personne de A. Grévy ; il se mit aussitôt à l'œuvre en utilisant les travaux préparés et fit connaître, l'année suivante. le programme des réformes arrêtées. C'était la consécration des effets du sénatus-consulte de 1863 et de la loi de 1873 et la modification du régime administratif des indigènes ; véritable révolution politique et sociale, qui aurait dû être entreprise depuis longtemps.

Les instructions du gouverneur, publiées le 25 avril 1880, prescrivent la création de quarante-deux communes mixtes embrassant un territoire de près de 6 millions d'hectares, avec une population nombreuse.

Suppression de la tribu turque, remplacée par le douar. — Organisation communale.

L'institution de la commune mixte, a été admirablement conçue ; la meilleure preuve c'est qu'elle a permis de remplacer sans transition, par l'administration civile, celle des bureaux arabes dans les territoires restés sous leur autorité. Sans tenir compte des anciennes tribus, léguées par les Turcs, la commune mixte fut formée d'un certain nombre de douars, au milieu desquels son personnel vint s'établir. Chaque douar, ayant à sa tête un cheikh, appelé adjoint ou président, possède une petite autonomie communale ; les cheikhs forment, au centre de la commune mixte, la commission municipale, présidée par l'administrateur et soumise aux règles générales de la loi, sous le contrôle du préfet.

Ainsi ces populations indigènes ont un budget propre de douar et leurs cheikhs votent les recettes et dépenses générales de la commune. L'ancienne *tribu*, dirigée militairement et arbitrairement par le caïd, a fait place à des fractions, devenues des sections de la commune mixte.

L'administrateur est, en même temps, le chef de la municipalité et l'agent gouvernemental, chargé de la politique, de la police, etc. Assisté de ses adjoints, qui doivent comme lui, savoir la langue arabe, il a le grand avantage de vivre au milieu de ses administrés, de se tenir en contact direct avec eux et de ne laisser au cheikh qu'une autorité relative, qu'il contrôle de près.

Avantages de ce système.

Nous le répétons, ce système, tranchant d'une manière aussi catégorique avec le passé, était parfaitement adapté aux nécessités du moment. Pratiqué depuis vingt ans, il a donné des résultats remarquables dont on ne s'est pas suffisamment rendu compte. Cependant on a formulé contre lui bien des critiques, basées sur des faits particuliers, injustes pour l'ensemble.

Le personnel nécessaire ne pouvait s'improviser du jour au lendemain ; si les influences politiques ont fait admettre ou maintenir quelques indignes, cela ne vicie pas l'institution ; il fallait écarter ces brebis galeuses ; mais combien, parmi ces fonctionnaires, ont été largement à la hauteur de leur tâche ? Justice doit leur être rendue. N'ont-ils pas maintenu la tranquillité et soumis leurs administrés aux règles d'un régime tout nouveau, régulier et utile ?

Transformation de la condition des indigènes par ces mesures.

L'application du sénatus-consulte, substituant le douar à la tribu ; la reconnaissance de la propriété individuelle et l'institution des communes mixtes qui en est la conséquence, ont profondément modifié la condition économique et sociale de nos indigènes. Le fractionnement des groupes a détruit la cohésion factice de la tribu et l'a privée de son chef, le caïd. Cette population n'est plus apte au service de guerre; par suite, elle a cessé d'être organisée pour la révolte; chevaux et cavaliers emploient leurs forces à des travaux moins bruyants et plus utiles. Cette révolution dans les habitudes traditionnelles, complétée par l'extension des centres de colonisation a rendu et rendra de plus en plus la révolte indigène impossible. C'est en vain maintenant, qu'un Mokrani appellerait ces cultivateurs, propriétaires du sol, à la révolte. Voilà ce dont il faut se rendre compte avant de critiquer l'institution des communes mixtes et la constitution de la propriété.

Disparition de l'influence des chefs indigènes.

Naturellement, cette transformation a été fatale à la catégorie des anciennes grandes familles indigènes, car elle a tari la source de ses revenus et supprimé la cause et les éléments de sa puissance. Leurs tristes descendants font retentir les échos de lamentations et rappellent, avec exagération, les services rendus par leurs vaillants aïeux. A les entendre, on pourrait croire que l'Algérie a été conquise à la France par les chefs indigènes. Or, ceux qui ont été réellement utiles seraient mal fondés à se plaindre des récompenses reçues ; plus d'un en a laissé à ses héritiers les témoignages matériels. Quant aux enfants et petits-enfants, ils n'ont rendu aucun service et seraient souvent incapables d'en rendre ; pour en juger, il faudrait revenir à l'état de guerre, ce qui n'est à souhaiter pour personne. Mais, parmi ces chefs de grande famille d'autrefois, si quelques-uns se sont montrés fidèles et dévoués, combien d'autres nous ont trahis, ou ont donné des preuves de lâcheté, d'incapacité, de prévarication ?

Quoi qu'il en soit, ces personnalités ont disparu, avec le passé dans lequel elles avaient été appelées à jouer un rôle. Les conditions économiques actuelles de la société indigène, ne comportent plus cette féodalité. Sa raison d'être a disparu avec les moyens qui l'alimentaient. Une institution doit être en rapport avec l'état social d'une époque et d'une société ; l'effet ne peut subsister lorsque la cause est supprimée. Les témoins de ce régime ont emporté dans la tombe l'influence personnelle qu'ils avaient acquise ; leur fortune, souvent compromise par eux-mêmes, est passée aux mains d'héritiers qui, en général, l'ont follement dissipée. Et maintenant, ces grandes familles, dont les représentants croiraient déroger en faisant œuvre utile, sont dans la gêne et ont perdu avec l'influence, la considération d'autrefois.

C'est à tort que certains regrettent la féodalité indigène.

Ces conséquences n'ont rien d'anormal ; aussi ne pouvons-nous comprendre que de bons esprits, sous l'impression de mélancolie causée par la vue de certaines infortunes, aient cru devoir exprimer le regret de la disparition des seigneurs indigènes. On a même dit que nous avions commis une grande faute en ne les soutenant pas ; qu'ainsi, nous manquons d'intermédiaires avec la masse de la population, et qu'il serait utile de reconstituer cette aristocratie.

De semblables théories, dont le premier défaut est de révéler une méconnaissance complète des faits réels et de l'histoire, ont en outre le tort de flatter les préjugés de bien des gens. C'est pourquoi on ne saurait trop les combattre.

Et d'abord, ceux qui parlent de l'utilité de ces grands chefs, les ont-ils connus à l'époque où ils florissaient ? C'est peu probable ; car enfin, s'ils ont rendu des services dans les premières années de la conquête, combien d'ennuis, de difficultés, n'ont-ils pas suscités, après la période de luttes, quand leur *influence* aurait dû être employée au maintien de la paix. Prenons quelques exemples, de 1857 à 1871.

Rappel des trahisons de grands chefs depuis 1857.

Sidi-el-Djoudi, que nous avions fait bach-agha des Zouaoua, se révolte contre nous, en 1857, après la conquête de la Kabylie.

Bou-Aokkazb-en-Achour, seigneur du Fer-djioua, et ses parents les Ben-Azzed-Dine, du Zouara, provoquent l'insurrection de leurs sujets en 1862 et 1863.

Les fils du khalifa Sidi-Hamza soulèvent tout le sud des provinces d'Alger et d'Oran, en 1863, et nous tiennent en échec pendant deux ans. Le caïd Bou-Dissa, de Djelfa et tant d'autres, les suivent.

Mokrani, bach-agha de la Medjana donne le signal de la révolte en 1871. Il vient d'assiéger Bordj ; l'insurrection embrasse la Kabylie et s'étend jusqu'à Alger. Beaucoup de chefs de cette région imitent son exemple, notamment Ben-Ali-Cherif, bach-agha de l'Oued-Sahel, Ben-Ou-Kassi du Sebaou, le caïd Ben-Illes, Si-Aziz, etc.

Citons encore Ali-Bey, khalifa de l'Ouad-Rir', qui abandonne aux insurgés Touggourt et sa garnison, pour sauver sa personne et qui, réduit au rôle de simple caïd, ourdit un véritable complot contre nous.

Tous ces chefs avaient été comblés de faveurs, de prébendes et de décorations. Combien d'autres noms pourraient être ajoutés à cette liste ! Les faits sont incontestables et nous ne parlons que des plus saillants.

Ces chefs sentaient que leur époque était passée.

Mais il ne suffit pas de les rappeler, il faut en rechercher les causes et conclure. Que des indécisions, des faiblesses, des trahisons se soient produites chez nos adhérents, pendant la période des grandes guerres, cela peut s'expliquer. Mais, après l'occupation de la grande Kabylie, toute cause de résistance avait cessé et il ne restait à la France qu'à compléter son œuvre en régularisant la situation de tout le pays. Pourquoi donc ces grands chefs, si bien récompensés, ont-ils successivement levé contre nous l'étendard de la révolte ?

L'évidence des faits dicte la réponse : C'est justement parce que la période des guerres était passée, et que nous allions pénétrer dans le domaine réservé de ces chefs féodaux, y régulariser l'administration des peuplades placées sous leur direction exclusive, par suite, contrôler et diminuer leur autorité — c'est pour cela qu'ils se dressaient contre nous. Ils sentaient eux-mêmes que leur rôle était terminé ; qu'il n'avait de raison d'être que pendant les époques troublées, et qu'il ne pouvait s'associer qu'avec une domination telle que celle des Turcs.

Voilà le bilan de ces grands chefs que l'on prétend regretter ? Il est temps que cette légende finisse. A l'époque où le régime militaire les considérait comme un rouage indispensable, ils se rendaient compte que leur temps était passé ; et maintenant que la condition des indigènes a été si profondément modifiée, on voudrait faire revivre l'institution ? Matériellement, cela serait impossible, à moins de reconstituer la tribu et les commandements militaires ; mais qui donc oserait aller jusque-là ? Autant entreprendre de forcer les fleuves à remonter leur cours !

Reproches faits aux cheikhs actuels.

Les adversaires du régime actuel opposent l'autorité des chefs indigènes d'autrefois à la nullité et au manque de prestige de nos cheikhs de douar. On ne peut cependant donner à ces adjoints d'annexes communales la situation et la puissance des anciens caïds ; ils sont peu payés et ne disposent pas d'une grande autorité effective. C'est la conséquence de l'organisation quasi municipale qui leur a été donnée ; le caïd a été remplacé très avantageusement par l'administrateur ; les cheikhs sont ses subordonnés et l'on ne saurait mieux les comparer qu'à nos adjoints d'annexes municipales, souvent simples cultivateurs ou cabaretiers. Malgré la médiocrité de la position, les candidats ne manquent pas ; il reste à les bien choisir et à les mener fermement.

Les indigènes sont rentrés dans leur condition normale de cultivateurs.

Plus n'est besoin, du reste, d'hommes de guerre et de poudre pour gouverner des gens rentrés dans la condition normale du cultivateur. Moins l'intermédiaire aura d'action sur les habitants du douar, plus l'administrateur devra agir directement ; ce sera profit pour tous ; l'indigène, du reste, n'a aucune confiance dans ses compatriotes et obéit bien plus volontiers au fonctionnaire français.

En somme, toutes les modifications qui se sont produites ont tendu à développer l'individualité de nos indigènes, à les fixer au sol dont la propriété leur est reconnue et à les encourager dans la voie du travail et de la production. Si tous n'en ont pas profité, c'est qu'ils n'ont pas voulu rompre avec les traditions du passé ; si certains n'ont pas su conserver leurs terres, c'est que, comme beaucoup de colons, ils ont mal calculé, ont été victimes de désastres répétés, ou ont mal administré leur fortune. Mais à côté de ceux qui ont été dépossédés, combien d'autres se sont arrondis, ou ont pu devenir moyens et grands propriétaires ? Combien ont échappé à la gêne par des emprunts ou des ventes à réméré, ce qui leur a permis de mettre les champs en culture et d'éviter la disette, après quoi, profitant des bonnes récoltes, ils se sont empressés d'acquitter leurs dettes ?

Avantages dont profite la masse.

La masse de la population indigène a profité largement de ces mesures ; gardons-nous, en ces matières de prendre l'exception pour la règle ; tout système a des inconvénients qu'il faut tâcher de réduire au minimum. L'amour de la terre s'accentue de plus en plus chez nos Arabes, c'est un excellent symptôme ; mais il est certain qu'elle ne restera qu'à ceux qui seront travailleurs et économes. Les transactions facilitées les poussent à entreprendre des opérations commerciales. Enfin, les prolétaires trouvent un salaire assuré chez nos colons et sur nos chantiers de travaux publics et de mines. Si l'on faisait le compte des sommes versées annuellement par les Européens aux indigènes, on serait bien surpris de l'importance du chiffre. Ceux qui prétendent continuer à ne rien faire n'auront bientôt plus de place ;

le travail est le salut pour cette population et le meilleur agent de fusion.

Toutes les conséquences que nous venons d'indiquer sont conformes aux lois économiques, à la morale, à l'humanité et par suite, aux intérêts des deux éléments en présence.

Les faits en donnent la confirmation : en 1871, le régime précédent a légué à son successeur une population indigène épuisée par la famine et la révolte et dont le chiffre total dépassait à peine deux millions d'âmes ; vingt-huit ans se sont écoulés, et le dernier recensement (1896) accuse près de quatre millions. En moins de trente ans, cette population a doublé !

En présence d'une constatation aussi décisive, — de nature même à susciter diverses réflexions — il n'est pas permis d'exprimer des regrets sur les avantages du temps passé, encore moins de proposer d'y revenir. De telles questions se jugent sur des faits d'ensemble bien constatés et non sur des détails ; c'est l'intérêt général, la préparation de l'avenir qui doivent inspirer les appréciations et non une sorte d'esthétisme sentimental.

Réserves à faire.

Mais, si nous approuvons dans les grandes lignes le système adopté depuis 1880, il n'en résulte pas que tout soit pour le mieux dans la situation actuelle de nos indigènes ; beaucoup de critiques sont à faire sur un grand nombre de points, beaucoup de réformes à exécuter. Nous allons les indiquer dans les chapitres suivants ; peut-être serons-nous plus sévères, dans certains cas, que les *laudatores temporis acti*, démontrant ainsi que, si nous approuvons l'ensemble des mesures et l'esprit qui les a dictées, les imperfections de détail, les erreurs parfois graves, ne nous échappent pas.

CHAPITRE V

La propriété foncière.

Droit de propriété des indigènes.

Nous avons indiqué, dans les chapitres précédents, les raisons diverses qui ont causé nos erreurs sur cette importante question. Si les règles précises de la législation musulmane avaient été mieux connues, ces fausses appréciations n'auraient pu avoir une semblable fortune : « Quiconque jouit pendant dix ans d'une terre, sans conteste, en est préjugé propriétaire. » Ce principe de la loi koranique s'applique à tous les sectateurs de l'Islam, en tout lieu. Nos musulmans algériens pouvaient le revendiquer, à défaut d'autres titres de propriété, dont ils ne manquaient pas, du reste. La prétendue déchéance résultant du fait de la conquête, ne s'applique qu'aux *infidèles* ayant refusé de traiter; quant au droit supérieur de l'Etat, il a été inventé par les Turcs, pour leurs besoins (1).

Excellente solution donnée par le sénatus-consulte de 1863.

Le sénatus-consulte de 1863 a fait justice de ces théories et résolu la question selon le droit et la logique, en reconnaissant les indigènes propriétaires des terrains dont ils avaient la jouissance *permanente et traditionnelle*. Malheureusement, son auteur n'a pu échapper, dans l'application, aux effets d'une erreur liée à la précédente. On s'est figuré que la *tribu,* unité administrative factice, avait une existence réelle, fondée sur les groupements ethniques traditionnels, avec cette conséquence d'une sorte d'indivision communaliste excluant toute propriété individuelle. De là est né le préjugé de la *propriété collective* des tribus, principe inconnu dans la législation musulmane, d'autant plus qu'il serait en contradiction absolue avec celui de la prescription décennale, visé plus haut. Enfin, s'appuyant sur ce qui se passait dans les tribus Makhezen, nos fonctionnaires,

(1) Voir notre travail : *La propriété foncière musulmane en Algérie,* chap. II, III et IV.

militaires et civils, ont conclu à l'existence du droit supérieur de l'Etat, dont les agents attribuaient arbitrairement les terres de culture à qui bon leur semblait, à titre essentiellement temporaire.

Erreur de la division des terres en melk et arch.

C'est pourquoi la loi impériale a divisé la propriété en deux grandes catégories : le *melk*, appartenant sans réserve à son possesseur régulier et l'*arch*, territoire collectif de la tribu, pouvant même contenir des melk confondus avec le reste. Or, la propriété arch n'existe pas, n'a jamais existé en Algérie. L'empereur semble l'avoir deviné, car le sénatus-consulte, après avoir disposé que la propriété des melk serait reconnue et confirmée aux ayants droit, ordonne que le périmètre de la tribu, une fois délimité, sera réparti en douars et que, dans chaque douar, prélèvement fait des melk et des parties domaniales et communales, le reste sera attribué, en pleine propriété, aux cultivateurs qui en jouissaient. C'est l'application pure et simple des principes de la législation musulmane ; c'est la reconnaissance que les territoires occupés par les tribus étaient possédés à titre privé et non collectif; c'est la négation de la propriété arch.

Modifications apportées par les lois de 1873, 1887 et 1897.

L'application de cette loi et de celles qui l'ont suivie a pleinement confirmé cette vérité. Cependant, les lois de 1873 et de 1887 qui n'ont été que l'exécution du sénatus-consulte de 1863, ont conservé soigneusement la division en melk et en arch et prescrit, pour chaque catégorie, des dispositions différentes. Enfin, la dernière, celle de 1897, bien que ne prononçant pas le mot, subit encore visiblement le poids de la tradition, tant l'erreur a de persistance et de vitalité!

Le but du sénatus-consulte de 1863 était clair et simple : donner une sanction légale aux faits existants, c'est-à-dire reconnaître les propriétés privées (melk) et attribuer les arch aux possesseurs, de façon à soumettre toutes les terres au régime du droit commun; et comme les dernières étaient liées au système de la tribu, l'administration se chargeait d'y constituer la propriété individuelle.

Imperfections de la loi de 1873.

Les auteurs de la loi de 1873, qui avaient l'avantage de trouver le terrain déblayé et les cadres tout prêts, n'ont pas compris qu'il ne leur restait qu'à édicter quelques mesures pratiques pour achever l'œuvre. Ils ont prétendu faire mieux. Oubliant ou ignorant que melk et arch se confondent si bien qu'il est difficile de savoir où l'un finit et où l'autre commence, ils ont divisé la loi en deux parties, comme s'il s'agissait de choses absolument distinctes. Quelques règles générales, où l'on relève plus d'une contradiction, précèdent le code de chaque catégorie. Il y est dit notamment que toute propriété reposant *sur des titres français* sera exclusivement soumise à l'action de la justice civile.

Les articles suivants disposent que la propriété, aussi bien en territoire melk que arch, sera reconnue dans des formes déterminées et compliquées, et qu'ensuite un titre individuel sera délivré à chaque ayant droit, toutes ces opérations, y compris la délivrance du titre, étant entièrement administratives et confiées au service des domaines, sous la surveillance des préfets et du gouverneur.

La main-mise de l'administration sur cette affaire, la soustraction de l'opération au droit commun, voilà ce qui caractérise la loi de 1873. De plus, elle aggrave considérablement les difficultés, en se chargeant de constituer la propriété des melk dont la superficie était presque double des territoires classés comme arch !

Il fallut, pour chaque lot, reconstituer la filiation de la famille, trouver les héritiers, parmi lesquels des veuves, parfois disparues; déterminer les parts en fractions décimales et enfin délivrer, à chaque ayant droit, un titre constatant des parts indivises, souvent infimes.

Tout cela fit perdre un temps précieux. Le sénatus-consulte partait d'un principe beaucoup plus juste : reconnaître la propriété aux possesseurs en état de la cultiver, tandis que la loi de 1873 aboutissait à faire renaître et à multiplier un morcellement et une indivision fâcheux à tous les points de vue.

Mesures fâcheuses aggravant les inconvénients de la loi de 1873.

Pendant ce temps, les régions classées comme arch, selon l'arbitraire des agents, attendaient en vain la commission d'enquête; les transactions et les contestations foncières continuaient à y être réglées par les cadis. L'administration y vit un empiètement du pouvoir judiciaire sur le sien et une circulaire de 1876 interdit à ces magistrats d'en connaître. Les indigènes voulurent se présenter devant les juges de paix ou les officiers publics français; nouvelle interdiction. En même temps, on chargea les *djemaa de douar* de délibérer sur ces cas; solution déplorable, mais *administrative* et, par suite, sauvant le principe. En réalité, c'était frapper d'interdit les terres arch.

Les douars où la constitution de la propriété avait été ordonnée ne se trouvaient pas en meilleure posture. Toute transaction y était suspendue pendant les opérations qui duraient de cinq à dix ans, quelquefois davantage (1). Les débiteurs y bravaient leurs créanciers; les cessions, hypothèques, échanges, promesses ou délégations étaient considérés comme nuls et non avenus. En vertu de ses instructions, le commissaire n'en tenait aucun compte. Il est vrai que les bénéficiaires de droits réels devaient les faire inscrire

(1) Celle des Arb-el-Gouñ, de Collo, commencées en 1883, ne sont pas terminées.

dans un délai de trois mois, *à partir de la clôture des opérations*. La difficulté consistait à être prévenu du point de départ de ce délai.

Malgré tout, des transactions avaient eu lieu, en territoire indigène, sous l'égide du droit commun, et plus d'une fois les tribunaux en consacrèrent la légalité.

Atténuations à ces inconvénients dues à la loi de 1887.

La loi de 1887 fut édictée dans le but de remédier à ces inconvénients. En outre d'une atténuation sensible apportée aux formalités, elle permettait les transactions en territoire melk et arch non constitué, au moyen d'une procédure particulière. Les mesures prises pour son application, bien inspirées, permirent à cet instrument de rendre de bons services; mais le principe restait le même : l'administration se réservait exclusivement la direction des opérations.

Entre temps avait été votée et appliquée la loi sur la constitution de l'état civil des indigènes, basée sur la conviction que nos Arabes n'avaient que des prénoms; cette opération a été compliquée à plaisir, alors qu'il eût été si simple et si utile de s'en tenir à constater les appellations servant à désigner chaque famille. En agissant selon la logique des faits, le travail eût été plus exact, plus rapide et moins coûteux; c'est fini, il n'y a pas lieu d'y revenir.

Résultats obtenus, puis suspendus.

Grâce à la loi de 1887, les opérations de la propriété individuelle avaient été poussées activement. Elles étaient terminées dans le Tell en 1892, pour 2.170.000 hectares; il ne restait à constituer que 900.000 hectares environ, sur lesquels 350.000 avaient fait l'objet de travaux plus ou moins avancés. Ce fut alors que, se basant sur les critiques de la commission sénatoriale et des rapporteurs du budget, l'administration arrêta net les opérations, sans excepter certains dossiers presque terminés. Il eût bien mieux valu tout achever; ce serait fini maintenant.

Loi de 1897, son utilité.

Nécessairement, on jugea qu'il fallait édicter une loi nouvelle. Le gouvernement général en avait présenté une; les commissions parlementaires la tinrent sur le chevalet de torture durant plusieurs années, et enfin la loi du 16 février 1897 fut promulguée. Nous avons signalé ailleurs les contradictions qu'elle renferme (1). Son article 1er pose en principe que l'administration renonce à se charger d'office de la constitution de la propriété et décide qu'il appartiendra aux ayants droit d'en requérir la constatation.

On pourrait croire qu'il s'agit de rentrer dans le droit commun. Nullement ! Le domaine conserve le privilège exclusif de délivrer le titre, après exécution d'une procédure administrative, purgeant tous les droits antérieurs ; mais les contestants auront, pendant un certain délai, la faculté de soumettre le différend aux tribunaux. Suivent un grand nombre de restrictions de toute sorte.

Ainsi, le nouveau système conserve en partie les inconvénients de l'ancien, en y ajoutant les complications et les dépenses de la procédure judiciaire ! En vérité, c'est trop ; une pareille loi est mort-née. Du reste, avec les catégories qu'elle crée, il est impossible de savoir sous quel régime sont placées les terres non encore constituées.

---

(1) *La Loi de 1897*, Alger, 1897.

Fâcheuses conséquences. — Mesures proposées.

Si, au moins, l'on avait achevé les travaux commencés sur 350.000 hectares, il en resterait à peine 600.000 dans une situation non réglée, et pour la plupart éloignés des centres d'occupation. Les auteurs de la loi de 1897 ne se sont pas rendus compte de ce fait; de même que leurs prédécesseurs, il semble qu'ils aient légiféré comme si la question était entière, alors qu'il s'agissait de compléter, le plus simplement possible, les résultats acquis.

Nous avons exposé ailleurs (1), comment la situation pourrait être régularisée sans difficultés; voici le résumé du système :

1° Supprimer toute ingérence administrative;

2° Autoriser les cadis ou les juges de paix à procéder à des bornages, à la requête des parties, avec faculté aux intéressés de contester les décisions devant les tribunaux;

3° Confier aux cadis, ou à des notaires spéciaux, le soin de recevoir tous les actes translatifs de propriété, ou attributifs de pri-

____

(1) *La Propriété indigène*, p. 61 et suivantes.

vilèges immobiliers, à charge par eux de les faire transcrire, soit aux hypothèques, soit sur un registre terrien spécial.

Il va sans dire que la loi de 1897 serait rapportée et qu'on achèverait les opérations suffisamment avancées, entreprises en vertu de la loi de 1887.

Ainsi se terminerait, dans toutes les régions du Tell, cette opération de la constitution de la propriété la plus importante et la plus utile des mesures édictées dans l'intérêt des indigènes.

Avantages de la propriété individuelle.

Tout ce qui précède découle du principe posé par le sénatus-consulte de 1863, dont la nécessité a été reconnue et proclamée et qu'on peut formuler comme suit : donner aux terres indigènes une condition légale ; les soumettre au droit commun et, par suite, les rendre disponibles.

Le premier avantage de cette mesure est indiscutable : d'une chose indisponible, indéterminée, on fait un élément actif ; on crée la propriété foncière indispensable à toute société, mais encore plus à des gens qui ne vivent que des productions de l'agriculture ;

les terres prennent une valeur fixe et normale au profit des indigènes qui les possèdent et dont elles constituent le patrimoine; elles entrent dans le commerce et permettent d'augmenter le périmètre de la colonisation par les voies ordinaires.

Propositions des partisans de l'inaliénabilité des terres indigènes.

Or, depuis quelque temps, il s'est formé un courant d'opinion contre le principe même de la propriété individuelle. Tout système économique a ses inconvénients; la liberté n'y échappe pas et les abus qui en découlent sont parfois regrettables. On a été frappé de ce fait qu'un certain nombre de groupes ou d'individualités indigènes, après avoir reçu leurs titres de propriété, ont cédé leurs terres ou s'en sont laissé déposséder, parce qu'ils n'ont pu rembourser les emprunts ou les rémérés qu'ils avaient contractés. De là à conclure que la mesure était mauvaise, il n'y avait qu'un pas.

Les protagonistes de cette opinion sont ceux qui regrettent l'abaissement des grandes familles, la disparition des caïds, la dispersion de la *tribu*. *Laudatores temporis acti,* ils n'ont qu'une idée vague et fausse de cette époque antérieure qu'ils considèrent comme une sorte d'âge d'or, et sont logiques avec eux-mêmes en trouvant que les terres auraient dû rester inaliénables. Ils oublient seulement que cette inaliénabilité a causé la mort de 5oo.ooo indigènes, en 1867-1868, et que le régime regretté a abouti aux révoltes de 1863 et 1871.

Erreurs fondamentales de cette proposition.

Des questions de cet ordre ne doivent pas être jugées sur des rêveries sentimentales, mais sur des faits précis. Pour notre cas, il est très facile d'obtenir une démonstration aussi précise qu'irréfutable : il suffira de relever sur les sommiers des hypothèques toutes les transcriptions immobilières de Français à indigènes et d'indigènes à Français, depuis vingt-cinq ans. On portera sur un tableau le chiffre d'hectares acquis par les indigènes à des Français, et sur l'autre les acquisitions faites par les Français aux indigènes. On pourra enfin en dresser un troisième, indiquant les ventes entre indigènes.

Il y a eu, en effet, beaucoup de transactions; des Européens ont acquis des terres indigènes, mais combien d'indigènes en ont acheté à des Européens ! Si, comme nous le pensons, la balance est en faveur des indigènes, la situation générale n'est donc pas modifiée à leur détriment.

Avantages du maintien de la liberté.

Passons aux cas particuliers ; il est incontestable que beaucoup d'indigènes ayant reçu des titres individuels, ne sont plus propriétaires de leurs terrains. C'est d'abord la conséquence d'une loi économique : ici surtout, la terre doit revenir aux mains de ceux qui sont en état de la faire produire. Or, beaucoup d'attributaires ayant des lots trop exigus ou manquant absolument de moyens d'action, ont vendu leurs terres à d'autres indigènes plus fortunés. Pourquoi s'en étonner ? il en est résulté que partout des propriétés, d'une superficie plus normale, se sont constituées. Combien de colons ont été dans le même cas ! Vaudrait-il mieux que cette fortune fût restée improductive entre les mains de détenteurs impuissants ?

La petite propriété a une existence précaire ; il suffit d'une ou deux mauvaises récoltes pour mettre son possesseur dans l'impossibilité de la cultiver. Il emprunte, se trouve grevé de nouvelles charges, et à moins de circonstances trop rares, ne peut rembourser à l'échéance.

Les emprunts et ventes à réméré.

Les indigènes font comme les colons : quand ils ne peuvent s'en dispenser, ils empruntent ou vendent à réméré, mais se contentent de petites sommes, et dès qu'une bonne récolte le permet, ils s'empressent de rembourser, car ils tiennent beaucoup à leurs terres.

Ce fait qui pourra surprendre est facile à contrôler. Ils se servent donc avec intelligence de leur gage pour se procurer le crédit nécessaire. A ce point de vue, le contrat de réméré rend des services ; il reste à l'entourer de quelques précautions.

Mais l'affaire ne se termine pas toujours ainsi. Certains, par suite de négligence ou d'accidents de diverses sortes, ne peuvent se libérer à l'échéance ; plus d'un a la précaution de céder à temps son droit de réméré ou de vendre, à charge de payer l'hypothèque, et obtient ainsi un complément d'indemnité ; d'autres abandonnent tout.

Enfin, si le prêteur européen reste propriétaire, il ne tarde pas à recevoir des offres de gens du douar, auxquels il revend la terre, souvent même à l'emprunteur primitif, car ces opérations sont faites, en général, par de petits capitalistes qui ne cherchent nullement à acquérir et ne connaissent même pas le terrain.

Mais il est une autre catégorie de capitalistes, qui ont, en diverses localités, avancé des sommes dans un but d'accaparement, et sont arrivés à déposséder des groupes entiers. Ces faits sont déplorables, surtout si l'acquéreur ne fait pas valoir son domaine et n'a d'autre but que de spéculer. La liberté des transactions donne lieu partout à des abus ; faut-il pour cela la supprimer? Et puis, qu'on y regarde de près : combien avons-nous vu de ces domaines, constitués *per fas et nefas,* être ensuite vendus par lots et rachetés par les indigènes?

La réalité opposée à l'erreur.

Voilà la réalité opposée au roman. Il en résulte :

1º Que l'ensemble des terres de culture, en la possession des indigènes, reste sensiblement le même, si toutefois la superficie n'augmente pas :

2° Que le cultivateur indigène sérieux se sert de sa terre comme d'un instrument de crédit et, s'il est prudent, ne tarde pas à s'arrondir ;

3° Que par un mouvement régulier, la petite propriété diminue pour se fondre dans la moyenne ou la grande ;

4° Et que les inconvénients signalés sont trop réels, mais constituent des exceptions.

Les défenseurs de la tribu, personne civile.

Ceux qui veulent s'opposer au cours normal des choses et retourner en arrière, ont trouvé une théorie qu'ils prétendent fondée sur l'histoire et sur le fait, en Algérie. D'après eux, la *tribu* formerait une personne civile, reconnue propriétaire du sol dont ses membres avaient la jouissance, sous l'autorité absolue de la djemaa. C'est elle que le sénatus-consulte a reconnu propriétaire, et ainsi se démontre l'existence de la terre arch, propriété collective de la tribu.

En vain leur objecte-t-on que la tribu s'est évanouie comme un fantôme et que sa terre a disparu avec elle : ils répondent que la terre arch est devenue propriété collective du douar, bien que sa nature collective la rendit en quelque sorte indivisible et qu'en tant que personne morale elle eût dû concourir au partage et le ratifier.

Ils reconnaissent que le *douar* constitue une unité nouvelle, mais prétendent qu'il s'est substitué *ipso facto* à la *tribu*. Ce douar, cependant, n'est plus qu'une fraction de la commune indigène, n'ayant aucun rapport avec l'ancienne unité administrative (la tribu). Peu importe ! Il renferme des melk, des communaux, des parties domaniales, etc. Néanmoins, son territoire est arch. Les gens en jouissent à titre divers ; ils possèdent des lots de père en fils ; certains en font l'objet de transactions, soit par actes sous seing privé, soit par application des lois de 1887 ou de 1897. Ils ont tort ! On doit les en empêcher.

L'administration supérieure et la justice ordinaire sanctionnent cependant tous les jours cet exercice du droit de propriété. On vient même de voir dans la province d'Oran le douar des Oulad-Daoud réclamer la nullité d'un grand nombre de ventes consenties à une société de colonisation qui a mis ainsi en culture 10.000 hectares de terres improductives. A la suite des plaintes de la *djemaa,* un commissaire enquêteur s'est rendu sur les lieux et a constaté que 1.945 individus des Oulad-Daoud détenaient 130.000 hectares, sur lesquels les 10.000 en question avaient été vendus par des propriétaires des 14.618 hectares classés comme melk, et qu'il reste à ce groupe de moins de 2.000 personnes de tout âge et de tout sexe 39.500 hectares classés comme arch !

Devant de tels faits, comment peut-il se trouver encore des défenseurs de la propriété collective ? Il vaudrait mieux conclure à l'abandon de l'Algérie.

La liberté des transactions est nécessaire à tous les points de vue.

Les constatations justifient-elles les cris d'alarme jetés et doivent-elles décider le législateur à prendre des mesures pour enrayer le mouvement et gêner la majorité au profit de l'exception ?

Evidemment non. L'Algérie subit, à un degré moins aigu que d'autres pays, les conséquences d'un fait économique : l'infériorité dans laquelle se trouve la petite propriété, surtout lorsque la culture normale est peu rémunératrice. La concurrence des grands pays de production amène une baisse constante du prix de la denrée et le petit cultivateur ne peut plus vivre. Nos indigènes en supportent d'autant plus les inconvénients, qu'ils se voient souvent obligés de vendre au moment le moins favorable.

Il faut en prendre son parti : l'avenir est à la moyenne et à la grande propriété en Algérie, même pour les indigènes. Est-il certain que ce soit un mal ? Les terres seront mieux cultivées et plus productives ; quant aux petits propriétaires d'autrefois, ils se feront colons partiaires, métayers, locataires et seront moins malheureux, plus tranquilles. Cette catégorie, fort utile, a toujours été très nombreuse ; d'autres travailleront pour les Européens, rendront service à la colonisation et auront leur subsistance assurée.

Cela existe déjà en partie et nous y voyons le développement normal de la phase que traverse le pays. Le nombre d'ouvriers agricoles employés par les Européens est considérable ; ainsi se lient les intérêts et la vie des deux peuples en présence ; l'assimilation dans la mesure où elle est possible ne peut commencer autrement. Et l'on voudrait revenir en arrière et faire revivre un passé si peu regrettable ? Heureusement que c'est impossible ; s'il en était autrement, on pourrait demander ce que nous sommes venus faire en Algérie.

Le home stead et ses partisans.

Cependant des adversaires de la propriété individuelle protestent qu'ils ne veulent pas le retour à l'ancien régime, mais seulement des mesures effectives pour rendre inaliénable la propriété familiale. Cette théorie est accueillie avec d'autant plus de faveur, que, s'inspirant de la législation anglo-saxonne, ses défenseurs la présentent sous l'appellation de *home stead,* que tout le monde ne comprend pas. Etrange force des mots ! Le même titre, en français ou en arabe, — ce qui serait beaucoup plus logique, — n'aurait pas un prestige égal.

Débarrassons-nous de toute influence externe et examinons de près la question ; elle se résume en ceci : maintenir intacte la propriété familiale, la soustraire à l'avidité des créanciers et empêcher son aliénation par les possesseurs. Ce programme soulève aussitôt de nombreuses objections.

Critique de ce système.

I. — Qu'entend-on par propriété familiale? A coup sûr cette forme n'existe pas pour le moment, ou se présente sous les aspects les plus divers. Voici, par exemple, un *pater familias* ayant une propriété propre; il a des enfants qui ont également des lots particuliers. Chaque groupe formera-t-il une famille distincte ou tout devra-t-il se fondre en une seule? Puis, lorsque les enfants, devenus vieux, se trouveront dans le même cas que leur père, que se passera-t-il?

On répondra sans doute qu'il n'y a qu'à suivre les règles du home stead; mais seront-elles applicables à nos indigènes?

D'autre part, beaucoup de propriétés sont indivises, même dans la famille, ainsi que le constatent les titres individuels délivrés. Comment écartera-t-on les ayants droit?

Ainsi l'application du système nécessitera d'abord *la constitution de la propriété familiale,* travail compliqué, délicat et soulevant des difficultés légales de toute sorte.

II. — Le home stead une fois constitué, comment pourra-t-il être conservé avec la loi successorale musulmane? Supprimera-t-on l'hérédité telle que le Koran l'a prévue? Ce serait bien grave et en contradiction absolue avec les traités et les promesses faites aux indigènes.

Le fondateur de la loi islamique paraît ne pas avoir mesuré les inconvénients des nombreux droits attribués aux réservataires, car cela est incompatible avec le maintien de la propriété familiale.

Prenons le cas du conjoint appartenant à une autre famille et qui est héritier de son conjoint pour un huitième, un quart ou la moitié de ce qu'il possédait, lui refusera-t-on sa part?

Pour l'écarter, il faudrait que la propriété familiale n'appartînt ni à l'auteur, ni aux descendants.

III. — Il résulte de ce qui précède que la propriété familiale serait, par rapport aux bénéficiaires, dans la même situation que le bien hobousé, en ce sens qu'ils n'auraient droit qu'aux fruits. Mais en matière de hobous, la nue propriété reste au fondateur et peut lui revenir, tandis que ce home stead serait un bien sans maître; l'on se demande ce qu'il deviendrait en cas d'extinction des ayants droit?

Mais, en le prenant comme tel, de quelle façon serait-il administré? Les membres de la famille auraient-ils un droit déterminé sur les fruits ? Ou bien leur distribution serait-elle laissée à l'arbitraire du gérant ? Ou encore, l'un d'eux en prendrait-il la location aux enchères ? Dans ce cas, il ne resterait aux autres qu'à abandonner cette propriété familiale où tous vivaient auparavant. Ils recevraient une part du fermage, mais si on ne la servait pas régulièrement, expulseraient-ils leur parent ?

En vérité, voilà des questions graves et qui semblent difficiles à résoudre, sans blesser le droit musulman et la logique.

IV. — Après ces objections de droit et de fait, trouverons-nous dans l'institution des avantages incontestables, un progrès assuré au profit de ceux qu'on veut protéger en conservant intangible la propriété entre leurs mains ?

La première conséquence sera d'enlever toute valeur intrinsèque aux terres ainsi immobilisées. Les possesseurs perdront ce gage de crédit dont ils savent si bien se servir pour le rendre productif. Si les moyens d'action leur manquent, il ne leur restera qu'à le donner en location et aller travailler chacun de son côté, à moins qu'ils ne préfèrent mourir de faim sur ce patrimoine inactif.

Enfin l'entretien, l'amélioration du fonds, conséquences du droit de propriété, ne seront-ils pas négligés ? Les mettra-t-on à la charge exclusive du gérant ?

En somme, on aboutit au résultat suivant : diminution de la valeur foncière ; suppression du gage actif des possesseurs et par suite de leur crédit ; diminution de la production ; empêchement de la mise en valeur des terres ; procès, ruine et dispersion des familles que l'on veut protéger.

Etudiée de près et sans parti pris, cette panacée qu'on appelle le home stead, perd tout prestige : en effet, on est forcé de reconnaître que son application soulève des objections de toute sorte, des difficultés légales et pratiques à peu près insurmontables ; que ses avantages ne sont qu'illusoires et ses inconvénients certains.

Supériorité du régime de la liberté et du droit commun.

Persistera-t-on à se laisser entraîner hors de la réalité par des formules telles que le home stead, l'acte Torrens, etc., caractérisant des systèmes qui ont pu rendre des services dans des régions spéciales ou des pays neufs, mais qui ne peuvent être appliqués ici, parce que le régime légal qui s'est fondé, les résultats acquis depuis soixantedix ans par d'autres procédés s'y opposent, et qu'il ne faut pas penser faire table rase de ce passé ? Peut-être, dans le principe, auraiton pu s'inspirer de ces théories pour faire œuvre nouvelle ; maintenant il est trop tard.

La propriété individuelle est à peu près constituée selon les règles de la loi musulmane, conforme à la nôtre sur ce point, ayant comme corollaire le régime de la liberté et du droit commun. Si des inconvénients de détail résultent de ce système, il offre des avantages généraux incontestables. Tout autre sera soumis à la même fatalité ; aucun ne sera meilleur, beaucoup seront désastreux.

Rectifions autant que possible les défauts de l'institution, mais gardons-nous de quitter la voie de la logique, du droit commun et de la liberté. Ce terrain est le seul solide ; on ne s'en écarte pas sans danger. Les dérogations sont comme les mensonges : elles ne peuvent se soutenir qu'en s'appuyant sur d'autres mensonges.

Donner à la propriété foncière sa constitution logique et normale, voilà la solution utile pour tous ; il n'y en a pas d'autre.

CHAPITRE VI

Administration des indigènes.

Représentation des indigènes dans les divers Conseils algériens.

Nous avons exposé à la fin du chapitre III le système d'administration des indigènes, inauguré en 1880 sous la forme des *Communes mixtes*. Mais il ne s'applique qu'à une partie de cette population ; le reste se trouve dans les communes de plein exercice et, par suite, soumis à une sorte de régime de droit commun.

Les indigènes musulmans des communes de plein exercice participent aux droits municipaux des Français et forment un collège d'électeurs spéciaux, qui nomme au scrutin les conseillers indigènes du conseil municipal, dans la proportion d'un cinquième environ de l'ensemble.

Ces conseillers, réunis aux cheikhs des

communes mixtes, membres de la commission administrative, élisent par circonscription un de leurs compatriotes pour former la délégation spéciale qui se réunit à Alger.

Enfin, les commerçants inscrits sur la liste élisent des membres de la chambre de commerce et les corporations nomment des juges prud'hommes musulmans.

Quant aux conseillers généraux, ils sont choisis par l'administration; il a été déjà question de les faire élire par un corps électoral particulier.

Inopportunité de la collation des droits politiques.

Ainsi, les indigènes sont représentés dans nos corps délibérants par des délégués élus *(sauf les conseillers généraux)* par des collèges musulmans. Ces privilèges sont-ils suffisants? faut-il les étendre? doit-on y ajouter un électorat politique?

Il serait oiseux d'envisager l'hypothèse de la collation des droits politiques du citoyen français à nos sujets musulmans d'Algérie. Leur état social et leur grand nombre ne permettent pas d'y songer pour le moment.

Du reste, la porte de la naturalisation individuelle leur est ouverte, — trop largement peut-être — car, s'ils en profitaient, les vrais Français se trouveraient dans une fausse et dangereuse position ; — mais ils n'ont garde de le faire, puisque leurs compatriotes considèrent le naturalisé comme un renégat qu'ils rejettent de leur sein, même après sa mort (1).

Tant qu'il en sera ainsi dans cette société, ses membres ne pourront prétendre au titre de citoyen français. D'ailleurs, en dehors de quelques intrigants déclassés, ils ne le demandent pas.

Rôle des indigènes dans les conseils délibérants.

Quant aux membres musulmans de nos conseils locaux, ils y jouent un rôle bien effacé, ne comprenant guère la plupart des affaires sur lesquelles ils votent avec leurs collègues français et ne se réveillant que si l'intérêt musulman est en jeu, ce qui est, du reste, la justification de leur présence.

En général, ils ont beaucoup à apprendre et à oublier pour tenir dans ces assemblées une place convenable. L'instruction leur fait défaut et encore plus, peut-être, la faculté

(1) Dans une oasis des Zibans, les Arabes viennent de refuser d'enterrer un vieux militaire, mutilé à notre service, parce qu'il était naturalisé.

d'apprécier une question économique ou abstraite. Ils cherchent à être de l'avis de l'autorité ou votent avec ceux qui les dirigent, sans songer à se faire une opinion propre.

Inaptitude à l'électorat.

Que dire de l'électeur indigène? Hélas! il ne se rend qu'un compte vague de la portée de son vote et ne pense pas un instant à lui donner le caractère de manifestation d'un sentiment. Il reçoit le bulletin de l'ami ou du courtier qui le conduit et le met dans l'urne sans malice. Or, cet électeur représente une élite restreinte; on ne peut donc pas l'assimiler à la tourbe qui, chez nous aussi, vote au hasard des circonstances.

En réalité, nos indigènes ne sont pas mûrs pour la pratique du régime démocratique; le bulletin de vote entre leurs mains est une parodie, par suite un danger. Ils ne comprennent qu'un mode de gouvernement, l'autocratie concentrant tous les pouvoirs et préfèrent s'incliner devant la tyrannie, sauf à profiter des faveurs du prince comme compensation.

Désir des places et honneurs.

Aussi, l'idéal de l'indigène est-il d'obtenir une place et de détenir une parcelle de cette autorité souveraine, pour la gloire et pour le profit. La tradition ancienne est restée dans les mœurs : une fonction doit rendre son maximum, bien que, maintenant, on ne l'achète plus tout à fait comme autrefois.....

Quant au *vulgum pecus,* il a, lui aussi, conservé ses habitudes et ne connaît qu'un moyen d'obtenir la bienveillance de ses chefs, c'est de les en récompenser d'avance.

Les indigènes ont besoin d'être gouvernés.

Tant que les idées de nos indigènes constituant leur être moral (1), ne se seront pas profondément modifiées — et pour cela l'œuvre du temps est indispensable — il ne faut pas penser à leur appliquer les principes du gouvernement démocratique. En outre du danger qui en résulterait pour notre domination, nous leur rendrions le plus mauvais des services. Ils ont besoin de se sentir gouvernés par un pouvoir supérieur, inaccessible à leur

(1) Nous traitons cette question dans le dernier chapitre.

action. Cette autorité absolue doit être d'abord ferme, ensuite paternelle et juste. Avec cela, ils seront les sujets les plus sages, les plus faciles à administrer, les plus heureux.

Jusqu'à nouvel ordre, il faut les maintenir dans la condition de sujets et leur donner l'administration qui leur convient, les protégeant contre les autres et contre eux-mêmes, leur assurant une justice équitable et les préparant, peu à peu, aux destinées futures.

Les privilèges actuels suffisent. — Modification de la désignation des conseillers généraux.

En attendant, il est libéral de conserver des représentants de la population indigène dans nos conseils délibérants, malgré leur peu d'utilité pratique et la différence d'origine et de mode d'admission de ces membres avec les autres. Mais il est indispensable de soustraire les conseillers généraux indigènes à la tyrannie des préfets, qui les choisissent et les écartent à leur gré. Aussi, bien que peu enthousiastes de l'électorat arabe, jugeons-nous nécessaire de les faire élire par un collège choisi et restreint. C'est le seul moyen, non de leur rendre l'indépendance désirable, mais d'empêcher les préfets de les mener comme

des chaouch et de s'en servir pour opprimer
les Français.

La question d'émancipation politique écar-
tée, examinons la situation sous ses autres
faces.

Les indigènes dans les communes de plein exercice.

On a vu que, dans les communes de plein
exercice, les indigènes jouissent des franchises
municipales et sont, sous ce rapport, sur le
même pied que les Européens. Au point de
vue politique, ils restent sous la surveillance
de l'autorité préfectorale. Dans les communes
rurales, le maire, assisté de l'adjoint indigène
et des gardes champêtres, les administre ;
mais il manque des moyens d'action et souvent des aptitudes nécessaires, lorsque cette
population est nombreuse et disséminée. Dans
ce cas, les indigènes ne sont pas suffisamment
gouvernés; les agents subalternes ont trop
de latitude et les administrés, abandonnés à
eux-mêmes, se trouvent livrés à une sorte
d'anarchie, peu apparente, mais profonde.
L'insécurité, cette plaie des campagnes, en
est l'expression caractéristique.

L'administration des indigènes n'est pas

difficile, à la condition que celui qui en est chargé possède, avec l'expérience, des moyens d'action et puisse y consacrer le temps nécessaire. Certains maires ruraux remplissent bien ces conditions; mais leur mandat est de courte durée et le plus grand nombre n'est pas dans ce cas. Colon ou industriel, magistrat municipal par surcroît, on ne peut guère lui demander de s'occuper spécialement des affaires indigènes; il fait ce qu'il peut.

Propositions diverses au sujet des pouvoirs des maires.

Les inconvénients de cette situation ont donné lieu à deux conclusions contraires : les uns voudraient que les maires des communes rurales pussent, de même que les administrateurs, appliquer les pénalités du code de l'indigénat et, qu'en un mot, on fortifiât leur autorité, en étendant leurs pouvoirs; les autres demandent qu'on ne laisse dans les communes de plein exercice qu'un minimum de population indigène et que le reste soit rattaché aux communes mixtes voisines. Enlever aux communes de plein exercice des groupes importants d'administrés indigènes aurait pour effet de troubler gravement l'économie de leur budget, en diminuant la part d'octroi de mer qui leur revient et le produit des impositions municipales, cela est à considérer. Nos communes avancées, en pays arabe, jouent un rôle très utile ; elles divisent les masses et ouvrent des débouchés aux productions ; il faut qu'elles puissent vivre dans la période difficile du début et ce serait une lourde faute de ne pas les soutenir. Mais il est indispensable de porter remède aux inconvénients que nous avons signalés. L'augmentation des pouvoirs de ces maires remplirait-elle le desideratum, sans ouvrir la porte à de nouveaux abus ? La question est délicate et la réponse subordonnée aux cas, c'est-à-dire à la valeur des personnes et à l'état moral et économique des administrés indigènes. En général, des abus seraient à craindre pour un progrès douteux.

La plaie de l'insécurité. — Nécessité d'unifier la surveillance.

Il faut, avant tout, se rendre compte du but à poursuivre. Le principal inconvénient du régime actuel est l'insécurité, favorisée par la différence de juridiction des territoires contigus, les criminels se réfugiant tour à tour dans la commune mixte ou dans celle de plein exercice. C'est pourquoi, à notre avis, il serait utile de confier tout ce qui se rapporte à la sécurité aux administrateurs de communes mixtes, qui agiraient aussi bien dans leur propre territoire que dans celui des communes de plein exercice limitrophes. Les maires, déchargés de ce soin, n'interviendraient que pour aider les agents de l'administration. On pourrait encore leur ajoindre, à poste fixe, un délégué de la commune mixte. Il s'agit, en effet, pour rétablir la sécurité, de coordonner et d'unifier les mesures de surveillance et de les rendre effectives par une action incessante.

Enfin, pour répondre à un autre reproche, il appartiendrait à l'autorité préfectorale de veiller à ce que les populations indigènes des communes de plein exercice participassent, dans des proportions normales, à l'emploi des ressources budgétaires.

Sur ce point, comme sur tant d'autres, nous ne sommes pas partisan des changements de système radicaux ; un certain nombre de mesures spéciales peuvent très bien suffire à modifier entièrement l'état des choses. Rien n'est funeste, en cette matière, comme de reculer après avoir avancé ; malgré tout, ces populations se sont habituées au régime communal; les replacer dans la situation antérieure nécessiterait une nouvelle éducation et causerait une fâcheuse impression.

Les administrateurs de communes mixtes. — Leur donner plus d'indépendance et de responsabilité.

Passons aux communes mixtes. L'institution, nous l'avons dit, a été parfaitement comprise; elle a rendu de grands services et doit en rendre de plus grands encore.

Le premier élément de succès consiste dans le choix du personnel. Il doit être excellent; hâtons-nous de reconnaître qu'on a beaucoup fait pour y arriver : activité, expérience, honnêteté à toute épreuve, connaissance de la langue et des usages du pays, sont les qualités essentielles de l'administrateur et de son personnel. Quiconque manque de l'une d'elles doit être affecté à un autre service, ou remercié.

Comme corollaire, il est naturel que la position soit entourée d'avantages et de garanties; il ne faut pas qu'un caprice d'employé des bureaux centraux inflige à ces fonctionnaires des déplacements peu motivés; enfin, ils doivent être soustraits d'une manière absolue, dans un sens comme dans l'autre, à l'intervention des politiciens et des membres du Parlement.

Ce service est sous la dépendance trop complète des bureaux de préfecture ou du gouvernement général. L'administrateur ne peut avoir la moindre initiative; pour tout, il est tenu d'en référer à la préfecture, dont le bureau spécial consulte sur le cas la liasse des circulaires, ou recherche s'il y a des *précédents;* parfois l'affaire est soumise au gouvernement général, elle traîne, le moment propice s'écoule et trop souvent on répond par un *non possumus.* Ce système est déplorable. Combien il vaudrait mieux laisser à l'administrateur plus d'indépendance, *sous sa responsabilité personnelle!* Les besoins, les intérêts, les conditions sont différents selon les lieux. Pourquoi imposer, dans une commune, ce qui convient à une autre et lui refuser ce qui serait nécessaire, parce que cela sort de la règle officielle? Ne serait-il pas préférable, pour une foule de détails, qu'on agît de la façon appropriée au cas. Si l'uniformité y perdait, le mal ne serait pas grand, pourvu qu'on se tînt dans les principes généraux et dans l'équité.

Il est indispensable de soustraire l'administration des communes mixtes à l'arbitraire des bureaux, tout en maintenant une surveillance efficace sur ses actes ; *de donner plus d'indépendance et d'initiative aux administrateurs, sous leur responsabilité,* et d'augmenter leur autorité dans les limites du possible.

La gestion des finances de la commune mixte et du douar.

Le mode de gestion des finances de la commune mixte ne paraît pas nécessiter de modifications essentielles ; il n'en est pas de même du douar. Pourquoi ne pas considérer cette unité comme une simple annexe de la commune mixte, par suite, ne faire qu'une seule caisse ? On a craint que les ressources fournies par les douars riches ne fussent employées au profit de ceux qui sont moins fortunés ? Nous ne verrions pas grand mal à cela.

En attendant, que se passe-t-il ? Certains douars possèdent en dépôt des sommes considérables, auxquelles personne ne peut toucher, car l'administration a compris que cette réunion grotesque qu'on appelle la djemaa ne pouvait en régler l'emploi. Pendant ce temps, la caisse de la commune mixte est souvent vide et n'a pas de quoi payer ses employés ! Les circulaires défendent même de faire supporter au budget du douar, le salaire de son propre garde champêtre, les dépenses de ses propres travaux !

Une situation semblable ne peut être maintenue : elle blesse le bon sens et la raison, en même temps que les intérêts de tous. Il faut, ou supprimer le budget spécial du douar en le fondant dans celui de la commune, ou organiser l'autonomie et l'administration financière du douar ce qui semble difficile et sans grand avantage ; du reste, on ne l'a pas pas prévu explicitement dans les décrets sur la matière.

D'autres mesures restrictives imposées à toutes les communes, telles que l'interdiction d'affermer tout ou partie de leurs communaux, doivent être rapportées, sauf à les maintenir dans celles où la défense est justifiée. Pourquoi, en effet, laisser ces communaux improductifs, lorsque leur superficie est trop grande pour les besoins du douar ?

Les agents de l'administrateur. — Responsabilité des cheikhs.

Comme agents directs : 1º du personnel propre de la commune, se composant de ses adjoints administrateurs, secrétaires, khodjas, cavaliers, etc.; 2º de celui qui réside dans les douars : cheikhs, gardes champêtres et ouakkafs (surveillants ou chefs de groupes).

Rien à dire pour les agents de la première catégorie, sinon que les adjoints devraient être mieux encouragés quand ils le méritent et écartés des cadres s'ils ne remplissent pas les conditions nécessaires. Il ne faudrait pas, non plus, les imposer à l'administrateur quand il réclame, avec raison, leur éloignement. Enfin, on devrait se conformer strictement aux règles fixées pour leur admission.

La question est beaucoup plus grave pour les agents indigènes des douars. Le cheikh et le garde champêtre sont nommés par le préfet ou le gouverneur, sur la présentation de l'administrateur ; mêmes règles pour leur révocation. Or, il arrive trop souvent qu'il n'est tenu qu'un compte relatif des demandes du chef direct et que des influences diverses, exercées auprès de l'administration supérieure, amènent un résultat différent. Cette pratique place l'administrateur dans une situation fausse vis-à-vis de ses agents, et favorise trop souvent des indignes.

Le traitement du cheikh

Le traitement du cheikh consiste, généralement, en une part proportionnelle du produit de l'impôt arabe recouvré. Il varie donc, selon l'importance du douar et descend jusqu'à un minimum de 200 ou 300 francs; la moyenne est d'un millier de francs environ. On a cru, à tort, qu'on l'intéresserait ainsi à un meilleur établissement des rôles, alors qu'il trouve de plus utiles compensations en *s'entendant avec les contribuables,* pour diminuer leurs cotes.

Malgré l'infériorité de la position, l'emploi de cheikh est très recherché; chaque vacance donne lieu à des compétitions ardentes, dans le cours desquelles les candidats déploient une grande ingéniosité et mettent en œuvre les moyens les plus variés. Trop souvent, ces fonctionnaires manquent des qualités indispensables pour justifier la confiance dont on les honore. Leur influence, leur autorité sont nulles, et cependant, ils représentent, dans le douar, l'administrateur, qu'ils sont chargés de tenir au courant de tous les faits importants. Ils reçoivent ses ordres, doivent en assurer l'exécution et prendre les mesures urgentes que les circonstances peuvent imposer.

De bons cheikhs seraient nécessaires, à tous les points de vue ; l'activité, l'énergie, et autant que possible l'honnèteté, en feraient des agents précieux, mais alors l'administrateur serait porté à se reposer un peu trop sur eux. Leur insuffisance, leur peu de sûreté obligent le chef de la commune à intervenir directement, et à se mettre en rapport avec ses administrés éloignés, excellente chose à tous les points de vue.

Le choix du cheikh. — Réformes nécessaires.

On a beaucoup discuté sur cette question du personnel des cheikhs et chacun a inventé un système destiné à faire disparaître leurs défauts et à les transformer en fonctionnaires modèles. Les uns veulent qu'on ne les choisisse que parmi les descendants des grandes familles du pays, « jouissant de l'influence traditionnelle de leurs aïeux, et entrés sincèrement dans la voie de la civilisation ». D'autres soutiennent, au contraire, que pour les soustraire à l'action des partis locaux, ils doivent être pris parmi les étrangers au douar, notamment dans le groupe des anciens militaires ayant bien servi la France. Tous sont d'accord sur un point : la nécessité de les mieux rétribuer et de relever leur autorité propre.

Nous nous garderons d'être aussi affirmatif, dans un sens comme dans l'autre, en reconnaissant, toutefois, que les cheikhs pourraient être moins mauvais en général. Il faudrait d'abord que l'administrateur pût les choisir lui-même, en pleine liberté, car il est mieux placé que tout autre pour le faire ; mais, après tout, cela serait secondaire, si on écartait impitoyablement ceux qui servent mal. Toute négligence, toute faute dans le service entraînerait la suspension, puis la révocation ; la connivence avec les intéressés ou les délinquants, le renvoi devant la justice répressive. Enfin, lorsqu'un crime ou un délit grave aurait été commis sur son territoire, et que le cheikh ne ferait découvrir ni les auteurs, ni aucun indice sérieux, il serait immédiatement révoqué.

Avec ce système, on ne tarderait pas à obtenir des cheikhs les services qu'ils doivent rendre, et la sécurité serait vite rétablie. En fait, ces gens se moquent de nous ; il serait grand temps de mettre le holà aux trafics honteux, aux conventions immorales qui se font à notre barbe, lorsqu'un crime est commis dans les douars, sous la protection des cheikhs.

Nous ne sommes pas de ceux qui, en présence de ces scandales, demandent la suppression des cheikhs ; il en va de cela comme du reste : des mesures sévères et bien comprises sont à prendre, et tout changera ; il suffit de le vouloir. Lorsque ce progrès sera réalisé, nous ne refuserons pas certaines améliorations à leur situation, notamment l'attribution d'un traitement fixe convenable, et des récompenses pour les actes méritoires.

Rétablissement de la sécurité. — Solutions proposées.

La question du rétablissement de la sécurité prime toutes les autres ; c'est pour tout gouvernenent un devoir d'honneur, sinon, il ne mérite pas ce titre ; l'insécurité pèse encore plus lourdement sur les indigènes que sur les colons. Il appartient aux administrateurs de guérir cette plaie ; le remède consiste exclusivement dans l'action des agents de l'autorité et de l'administration.

Parmi les questions algériennes, celle-ci a suscité les propositions les plus diverses, les théories les plus étranges. Une des formules préférées est celle de la *responsabilité collective des tribus*, prise dans une ordonnance édictée par Bugeaud, en 1843. On a oublié qu'elle visait d'abord la responsabilité des chefs indigènes, excellente mesure ; appliquée aux groupes, notamment en matière d'incendie, elle n'a donné aucun résultat pratique, si ce n'est de réduire à la misère des collectivités, sans jamais faire découvrir un coupable ; depuis 1843, les conditions d'existence des indigènes se sont complètement transformées, puisque la *tribu* s'est évanouie, en conséquence, cette responsabilité collective est devenue matériellement inapplicable.

A côté de cette école, dont les partisans sont nombreux, se rencontrent les inventeurs de systèmes de répression féroce et aveugle : pénalités appliquées par des juridictions spéciales, sans que la preuve normale soit nécessaire ; exil des condamnés libérés, cantonnement des groupes suspects de complicité, etc., etc.

Il faut chercher les moyens de prévenir, et non se borner à réprimer.

Tous ces procédés, critiquables à tant de points de vue, ont le tort d'être inefficaces. Les questions de ce genre ne se résolvent pas par des formules abstraites ; l'insécurité, c'est-à-dire le vol et le brigandage, est un héritage des siècles, en Algérie, comme dans beaucoup de pays musulmans, et résulte de l'insuffisance d'action de l'autorité publique. Tout indigène, aujourd'hui victime des voleurs, peut, demain, participer à un acte de brigandage ; car, dans cette société, l'individu n'est pas, comme dans la nôtre, honnête ou malhonnête, il est l'un et l'autre, tour à tour, selon les circonstances. Aucun partage n'est possible, et c'est à tort qu'on prétend faire des classifications.

Les pénalités collectives sont supportées comme un accident de force majeure quelconque, un supplément d'impôt édicté par l'autorité. Quant aux répressions draconiennes, elles exigent d'abord la capture des coupables possibles ; en tout cas, l'effet préventif est nul, aussi bien dans cette société que dans la nôtre. N'a-t-on pas constaté que les exécutions publiques de criminels étaient suivies, trop souvent, de nouveaux attentats ? C'est que le malfaiteur se flatte qu'il ne sera pas pris et que, par conséquent, il ne fait pas entrer en ligne de compte la punition plus ou moins sévère qu'il risque d'encourir.

Mesures administratives nécessaires pour prévenir les crimes. — Répression.

Le rétablissement de la sécurité en Algérie est une affaire d'administration. Plus son action sera complète, effective, directe, moins les attentats contre les personnes et les biens pourront se produire, plus il sera difficile à leurs auteurs de rester inconnus et de profiter de leurs crimes. Voilà en quoi nous nous séparons de ceux qui ont traité la question : ils ne cherchent le remède que dans la sévérité de la répression ; nous estimons beaucoup plus utile de le prendre à son origine.

Résumons les principales mesures nécessaires :

1° L'unité de direction de ce service, confié aux administrateurs étendant leur action sur tous les territoires (ainsi que nous l'avons dit plus haut) ;

2° La suppression des conflits d'attribution avec les maires, les juges de paix, la sûreté, etc ;

3° La responsabilité effective des chefs indigènes locaux, et morale des administrateurs ;

4° La suppression de la juridiction du jury criminel, telle qu'elle est pratiquée, et son remplacement par un procédé plus simple.

C'est ainsi que nous cherchons à réaliser ce désideratum : prévenir d'abord, réprimer ensuite.

Le moyen de prévenir les crimes de ce genre est relativement simple : lorsque les indigènes se sentiront surveillés de près, que le cheikh et l'ouakkaf, au lieu de fermer les yeux, sinon de participer aux mauvais coups, signaleront les malfaiteurs, au besoin, les arrêteront ; quand ceux-ci sauront qu'ils n'auront plus la facilité actuelle de disposer du produit de leurs rapines, en raison des entraves qu'ils rencontreront à chaque pas, et que les cadeaux offerts ne serviront qu'à les faire prendre, au lieu de les protéger, le métier de brigand ne paiera plus son maître et il s'empressera d'y renoncer. L'insécurité cessera, de même que le combat finit, faute de combattants.

En attendant, la répression doit être rapide et efficace. Il ne faut plus, qu'après la première enquête de l'administrateur, le délégué du juge d'instruction vienne tardivement reprendre l'affaire et se noie au milieu des contradictions et des faux témoignages, et que son édifice, laborieusement construit, s'écroule devant la cour d'assises ; il ne faut plus que les criminels acquittés rentrent dans le douar, pour exercer des vengeances contre les témoins et pousser les parents des victimes à se faire justice eux-mêmes ; il ne faut plus que des comparses soient livrés et condamnés à la place des coupables.

La gravité des peines et les formes de procédure employées nous importent peu. Ce qui doit cesser c'est l'impunité scandaleuse, la prévarication et tous les moyens audacieusement employés pour soustraire les criminels à la répression.

Mission de l'administration. — Récompenses et punitions.

L'efficacité du système que nous proposons repose sur l'unité d'action, l'activité et l'intelligence de l'administrateur, secondé au besoin, par le cheikh. C'est pourquoi l'enquête devrait être confiée au chef de la commune mixte, agissant en toute liberté et envoyant au tribunal le dossier complet. Il appartiendrait au juge d'instruction de vérifier et de compléter l'enquête.

Ces responsabilités nouvelles comporteraient leurs sanctions normales. L'administrateur qui rétablirait la sécurité dans son territoire et saurait découvrir les vrais auteurs des crimes et délits, devrait être récompensé par un avancement exceptionnel, lui ouvrant l'accès des emplois supérieurs. Celui qui se montrerait faible ou incapable se verrait remercié ou affecté à un autre service. Le même principe serait appliqué aux cheikhs et gardes champêtres.

Certains estimeront peut-être la solution proposée trop simple, et hésiteront à croire qu'on puisse ainsi arriver au but. Et pourtant il est certain que les théories ingénieuses, les systèmes extra légaux proposés n'ont servi jusqu'à ce jour, qu'à embrouiller et à compliquer la question. Après tant d'années d'efforts inutiles, verrons-nous enfin la vérité triompher ?

Impôts et taxes indigènes.

Passons à la question de l'impôt. De même que leurs compatriotes des communes de plein exercice, les indigènes des communes mixtes sont soumis aux taxes municipales :

1° L'impôt locatif, se réduisant à un chiffre infime, vu l'absence de constructions ;

2° La taxe des chiens ;

3° Et les prestations, variant de trois à quatre journées, à effectuer en nature ou à convertir en espèces.

La commune mixte reçoit diverses allocations de l'État et du Département et une part sur le produit de l'octroi de mer, calculée à raison d'une unité par tête d'européen et de un vingt-septième par tête d'indigène. Grâce à ces ressources diverses, elle peut subvenir à ses dépenses d'administration et effectuer des travaux d'utilité publique. Dans les communes de plein exercice, la participation des indigènes à l'octroi de mer est fixée à un huitième par tête. Par suite il n'y a pas d'octroi municipal.

Les taxes municipales pèsent très légèrement sur nos indigènes de la campagne et sont largement compensées par des avantages généraux.

Mais tous sont assujettis à l'achour et au zekkat, seuls impôts obligatoires pour les musulmans en pays d'Islam. Ils existaient avant nous et l'on a eu le bon sens de les maintenir.

L'achour est, en principe, le prélèvement de la dîme des produits de la terre revenant au prince, pour les dépenses de l'État. Peu de gens le paient.

Dans le département de Constantine, on se borne à percevoir sur la grande culture, à raison de 25 francs en moyenne, par charrue, ce qui est loin de représenter le dixième brut de la récolte. Dans ceux d'Alger et d'Oran, on en fait un impôt de répartition.

Quant au zekkat, ou aumône, dont le produit devrait être affecté aux pauvres et à la religion, c'est un impôt sur les bestiaux à raison de tant par tête (1). Les bêtes de travail sont affranchies.

Dans les régions comme la Kabylie, où les cultures de céréales sont presque nulles, l'achour est remplacé par une capitation ; enfin les propriétaires des oasis paient une taxe par palmier ; lesdites redevances sont appelées *lezma*.

(1) De 25 centimes par mouton où chèvre, 3 à 4 francs par bœuf, 5 francs par chameau, etc.

Enfin les terres domaniales sont grevées d'un fermage *hokor*, qui devrait être supprimé lorsqu'elles cessent d'appartenir à l'État.

Avantage du maintien de l'impôt arabe. Etablissement des rôles.

Ces divers impôts ne portent que sur les gens qui possèdent et produisent ; ils ont, théoriquement, plusieurs défauts, mais les mulsulmans n'ont pas le droit de les critiquer ; ils étaient appliqués dans le pays depuis des siècles, avec moins de garanties que maintenant. En somme, ils n'ont rien d'excessif et leur produit assure la marche financière des départements et de l'administration algérienne. Toute proportion gardée, les Européens paient bien davantage par tête, ce qui est juste. Il est absolument faux que les indigènes soient, proportionnellement, plus chargés qu'eux ; y toucher serait donc bien imprudent.

Les rôles sont dressés exclusivement par des agents du service des contributions directes appelés recenseurs, et l'on se plaint, non sans raison, de leur peu d'exactitude. Les cheikhs aident les recenseurs ; mais n'étant pas sous leurs ordres, ils les servent mal et favorisent les dissimulations.

Il serait plus logique et moins coûteux de charger les administrateurs de ce recensement, car ils sont sur place, connaissent leurs contribuables et se laisseront tromper bien plus difficilement. Le recenseur doit adresser les rôles d'un certain nombre de communes ; il vient faire sa tournée, puis rentre à sa résidence et c'est à peine si on le revoit une ou deux fois dans l'année. Il est vraiment trop facile de le tromper et si une chose doit surprendre, c'est que ses rôles ne soient pas plus inexacts. L'indigène est habitué à voir le hakem, représentant du prince, concentrer tous les pouvoirs ; il ne comprend pas que d'autres fonctionnaires opèrent chez lui et n'est pas porté à leur obéir. Pour les recouvrements, l'appui de l'administration aide considérablement le receveur et tout se règle sans frais et sans huissier, au grand profit de chacun.

Urgence d'aider les indigènes par des prêts de semences.

Une autre question de la plus haute importance est celle des prêts de semences, et cela nous amène à dire un mot des sociétés de prévoyance. Elles ont été fondées au moyen de cotisations en nature, versées plus ou moins volontairement par les indigènes, au moment de la récolte, de façon à constituer des réserves de grains pour les périodes mauvaises. Or, la conservation de ces grains dans les silos était difficile et causait des pertes de toute sorte ; ce système a été abandonné et l'on a, en général, transformé la matière de réserve en espèces, et les prêts de grains pour les semailles en prêts d'argent. On a bien fait de renoncer à mettre les grains en silos : mais on a tort de ne plus avancer des grains en nature partout.

Le but utile consiste à mettre les indigènes à même d'ensemencer leurs terres au moment des labours, car il arrive trop souvent qu'ils n'ont pas assez de grains et que leurs terres restent incultes, au moins en partie. Leur récolte, par suite, devient insuffisante ; ils demeurent dans la gêne et vendent leurs troupeaux ; d'où une diminution dans la production normale du pays et un état d'appauvrissement continu de ces cultivateurs.

C'est un devoir pour l'administration de veiller à ce qu'ils labourent en automne tout ce qui doit être labouré. Il faut leur procurer les avances nécessaires, qui seront toujours remboursées à la récolte, si l'autorité y veille. Les sociétés de prévoyance y contribuent, mais leurs ressources sont loin d'être suffisantes et le concours du commerce est indispensable. L'Etat, les départements, les communes ont intérêt d'y veiller et d'y concourir ; avec quelques précautions aucune perte n'est à redouter.

Mais, sauf exception, les prêts doivent être effectués en grains, délivrés au fur et à mesure qu'ils sont mis en terre, en prenant les mesures nécessaires pour s'en assurer, car beaucoup d'indigènes ne manqueraient pas d'en vendre une partie pour se procurer de l'argent. A plus forte raison, si on leur fait des avances en espèces, en détourneront-ils.

Quant aux sociétés de prévoyance, si elles sont remboursées en nature, le mieux est qu'elles fassent vendre, tout de suite, ces grains au marché le plus voisin, de façon à reconstituer, en été, le capital. Dès les premiers jours de l'automne elles dressent l'état des quantités à fournir à chacun et achètent, au moyen d'une adjudication publique, les semences nécessaires.

Cette question des ensemencements est

presque aussi importante que celle de la sécurité. On peut même dire que ces deux besoins dominent tous les autres. La vraie cause de la gêne des Arabes est l'insuffisance des semailles. Il faut, pendant trois ou quatre années consécutives, les mettre à même de cultiver le maximum possible. Par ce moyen cette population éteindra son arriéré, augmentera ses troupeaux que la nécessité l'oblige de réduire et se trouvera en possession des avances indispensables. La production générale ainsi développée donnera au pays des richesses nouvelles et rendra au commerce son activité ; le prix des terres se relèvera ; il sera alors bien inutile d'interdire aux indigènes de les vendre.

Rétablir la sécurité, assurer les ensemencements, voilà à quoi l'administration doit s'appliquer avant tout ; le reste viendra par surcroît. Nous croyons avoir démontré que ces deux biens peuvent être rapidement et facilement réalisés. C'est l'avenir du pays qui est en jeu ; c'est aussi l'intérêt et l'honneur de la France ; c'est le salut de nos indigènes et le gage de leur progrès.

Les centres français en commune mixte.

Dans un certain nombre de communes mixtes se trouvent englobés des centres de colonisation, déléguant à la commission municipale leur adjoint spécial, ou un membre. La grande majorité y reste aux indigènes. Certes les communes de plein exercice ne doivent pas être créées à la légère ; cependant dès que les centres peuvent former un groupement municipal suffisant, il est logique de les ériger en commune. Quant aux administrateurs, leur raison d'être, leur vraie mission est la direction des populations indigènes. Il ne faut jamais sortir de sa spécialité.

Les communes indigènes en territoire militaire.

Nous n'avons pas encore parlé des populations musulmanes restées soumises à l'autorité militaire. Elles forment généralement des *communes indigènes*, comprenant des annexes. Les administrateurs y sont remplacés par des officiers. Le régime financier est à peu près le même en principe, sinon en réalité.

Dans les régions de l'extrême-sud, il est nécessaire que l'autorité reste militaire ;

mais, en maints endroits des hauts plateaux, les limites se heurtent et s'enchevêtrent avec celles des douars du territoire civil. Il en résulte des conflits d'attribution et de juridiction qui profitent surtout aux malfaiteurs.

Nécessité d'adjoindre des parties au territoire civil.

Ce maintien d'un régime exceptionnel n'a plus de raison d'être dans les parties septentrionales, où un certain nombre de territoires pourraient être érigés en communes mixtes ou adjoints aux anciennes; en tout état de cause les délimitations sont à reviser. Citons comme exemple l'Aurès, massif montagneux, coupé de vallées fertiles, et habité par des peuplades autochtones (les Chaouïa) ayant conservé un dialecte berbère. Le bon sens indique que l'autorité administrative doit s'y établir sur le point le plus favorable d'où elle rayonnera dans tous les sens. Il n'en est pas ainsi. Le poste de Khenchela, clé de l'accès principal du côté nord, est en même temps le siège d'une commune mixte, pénétrant au cœur du pays par certaines vallées et d'un commandement militaire s'avançant parallèlement vers l'intérieur, tandis que la partie méridionale est administrée par le chef du poste militaire de Tkout, relevant du cercle de Biskra situé à deux journées de distance !

De telles anomalies sont fâcheuses, injustifiables et l'on ne comprend pas qu'elles aient duré jusqu'à ce jour. Si l'on estime que l'Aurès doit rester sous l'autorité militaire, soit ! Mais alors qu'on y établisse un centre de commandement autonome ; que les officiers imitent les administrateurs et s'installent au milieu des populations ; que l'on fractionne les communes indigènes, tout le monde en profitera, surtout les administrés, car, en l'état actuel, les sections sont trop éloignées du centre et leurs intérêts absolument sacrifiés.

De même que les communes mixtes doivent préparer l'érection de leurs centres européens en communes de plein exercice ; les commandements militaires n'ont aucune raison de conserver les régions en état de de passer sous l'autorité civile. Ces régimes transitoires ne peuvent s'éterniser ; on ne lutte jamais fructueusement contre la logique des faits ; de même que le convive rassasié, il est plus digne de se retirer du banquet, lorsque l'heure est venue.

Les annexes sont trop éloignées du centre.

On a fait du chef-lieu de l'ancien cercle, le centre de la commune indigène et les postes d'autrefois sont devenus ses annexes. Rien n'est changé en apparence ; mais, en fait, ces communes ont une étendue demesurée que le régime municipal ne comporte pas. Il serait en tout cas logique de transformer la plupart des annexes en communes indigènes. L'autorité militaire ne peut pas s'y décider.

Tout cela, nous le répétons, est à reviser en tenant compte des nécessités réelles, selon les localités. Là, comme ailleurs, il faut se garder de tomber dans l'absolu.

CHAPITRE VII

La justice civile et criminelle.

Influence de la justice. — Organisation de ce service.

Un de nos moyens d'action les plus puissants sur les indigènes est l'administration de la justice. On l'a compris depuis longtemps, mais si certaines mesures ont été bien inspirées, d'autres furent moins heureuses ; actuellement, la situation réclame des réformes importantes.

Pour juger sainement la question, il est nécessaire de la prendre à son point de départ et d'en suivre les développements.

Avant notre conquête, les pouvoirs judiciaires proprement dits étaient concentrés entre les mains du cadi, chargé d'appliquer les dispositions de la loi koranique comme juge civil, canonique et correctionnel. Ses

sentences pouvaient, dans une certaine mesure, être revisées par un tribunal supérieur
ou medjelès. Le moufti, conservateur de la
doctrine religieuse, donnait des consulta-
tions sur les cas à lui déférés et prenait part
aux lits de justice.

Quant à la répression des crimes et délits,
elle appartenait souverainement au représentant du prince, c'est-à-dire au dey et à ses
beys, agissant selon leurs inspirations.

Notre administration, naturellement, a établi une séparation complète entre la justice civile et la justice répressive. Tout en
maintenant les cadis, on leur a, peu à peu,
enlevé les pouvoirs de juges correctionnels,
en leur laissant le reste. En même temps,
on a organisé les medjelès comme tribunaux
d'appel, avec faculté aux parties de se pourvoir devant la cour, contre leurs décisions.
Puis, les medjelès ont été réduits au rôle
consultatif, l'appel des sentences de cadis
étant porté devant nos tribunaux. Enfin,
vers 1860, le medjelès a été supprimé, et un
conseil supérieur de droit musulman adjoint
à la cour d'Alger (1); après 1870, ce conseil
a été aboli, et des chambres spéciales d'ap-

(1) Voir dans Ménerville les lois et décrets de 1859 et 1866.

pels musulmans adjointes à tous les tribunaux.
Mais, depuis une quinzaine d'années, on a
retiré aux cadis le droit de recevoir les actes
se rapportant à la propriété immobilière,
puis celui de statuer sur les litiges en matière
mobilière et immobilière ; ils n'ont conservé
de compétence que pour juger les questions
de statut personnel, liquider les successions
mobilières, dresser les actes de mariage et
divorce, et recevoir les notoriétés, procura-
tions et autres petits actes.

Les juges de paix sont maintenant chargés
de connaître de toutes les contestations entre
indigènes, en dernier ressort jusqu'à une
valeur de 5oo francs, et en premier ressort
sans limite. L'appel, dans ce dernier cas, est
porté devant les chambres spéciales des tribunaux ; enfin, pour certaines espèces, les
parties peuvent se pourvoir en cassation
devant la cour d'Alger.

Répond-elle à son but ?

Telle est l'organisation de ce service. Ré-
pond-elle aux devoirs du gouvernement
envers ses sujets indigènes ? Assure-t-elle une
bonne distribution de la justice ? C'est ce
qu'il reste à examiner.

En prenant possession de l'Algérie, la France a garanti aux indigènes le maintien et le respect de leur religion, de leurs lois et de leurs coutumes. Pour l'exercice du culte, nos musulmans ont conservé la liberté la plus absolue et trouvé chez nos fonctionnaires la protection désirable. La promesse a été tenue.

La loi islamique appliquée par les magistrats français.

Quant à l'application de la loi islamique, elle a d'abord été laissée à leurs cadis ; puis on leur a enlevé la majeure partie de leurs attributions qui se trouvent dévolues aux magistrats et officiers ministériels français. S'ils remplacent avantageusement les cadis, tout est pour le mieux ; si des dérogations à la législation musulmane ont été adoptées, mais que l'application des principes n'en souffre pas, en un mot, si une meilleure justice est rendue, nous ne méritons pas de reproches.

Mais, s'il n'en est pas ainsi, on ne doit pas hésiter à le reconnaître, sauf à le démontrer et à chercher les moyens d'y remédier.

Reproches faits aux cadis.

C'est en raison des prévarications et des injustices commises par un grand nombre d'entre eux, que les cadis ont été dépouillés de leurs prérogatives. Tous étaient-ils de la même sorte? Oui, si nous voulons les apprécier selon l'idéal abstrait du bon juge, tel que nous le comprenons. Non, si nous les jugeons avec les qualités et les défauts inhérents aux traditions et au milieu. Le plaideur qui succombe a, dit-on, chez nous, vingt-quatre heures pour maudire son juge; nos Arabes le diffament en tout temps; pour eux, tout fonctionnaire indigène reçoit de l'argent de ses administrés; les Français qu'ils avaient longtemps respectés sous ce rapport, n'échappent plus à leurs calomnies.

Si beaucoup de cadis recevaient des épices, c'est que beaucoup de justiciables leur en apportaient. Cependant, — en dehors d'exceptions flagrantes, — il est certain que les éditeurs de ces bruits exagéraient et qu'on les a écoutés trop complaisamment. Et puis, en chaque chose, il faut considérer la fin : les indigènes sont-ils mieux jugés sous le régime actuel? Voilà le vrai criterium.

Procédure devant le cadi.

La procédure devant le cadi a, sans conteste, deux avantages : la rapidité et la modicité des frais. Il tient audience presque tous les jours et le plaignant peut, sans trop de difficultés, lui exposer son cas; enfin, il comprend le justiciable sans intermédiaire, et connaît les usages du pays.

Les juges de paix statuant en matière musulmane.

Chez le juge de paix, malgré les simplifications de la procédure en matière musulmane, le demandeur commence par s'adresser au greffier pour l'envoi de la citation préliminaire; l'audience musulmane n'a lieu, en général, qu'une fois par semaine; elle est surchargée; c'est l'interprète qui doit expliquer en quelques mots au juge les dires des parties et les usages particuliers souvent ignorés des Européens. Les plaideurs, craignant d'être mal compris, font venir des avocats français; des incidents de toute sorte sont soulevés, et enfin une petite affaire, qui aurait été réglée en huit ou dix jours devant le cadi, avec une dépense de 10 à i5 francs, dure des semaines et des mois, et, lorsque le jugement est rendu, il a fallu débourser de grosses sommes.

Une cause de difficultés, de retards et d'augmentation de frais, est la contestation de la compétence du premier juge. C'est la grande ressource des avocats : l'espèce rentre-t-elle dans la catégorie soumise à la procédure *en matière musulmane?* Plusieurs jugements sont parfois nécessaires, à titre préparatoire, pour régler ce point.

Reste ensuite à obtenir la délivrance de la grosse, à la faire traduire et, chose curieuse, à recourir au cadi pour l'exécuter! Cela démontre combien la sentence de ce magistrat aurait été plus rapidement et plus simplement suivie d'effet.

Les litiges sont-ils mieux jugés.

Cependant, si le litige a été mieux et plus exactement jugé, l'inconvénient diminue. Mais pourquoi en serait-il ainsi? Il est incontestable que, pour appliquer la loi musulmane et les coutumes locales, le cadi est mieux qualifié que tout autre. La première condition à remplir par celui qui le remplace serait de les connaître aussi bien que lui.

Nos juges de paix sont-ils dans ce cas? Evidemment non, sauf de rares exceptions. De plus ils ignorent, en général, la langue et ne séjournent pas assez longtemps dans la même localité pour en connaître les usages. Notre juge ne peut s'entretenir avec les parties que par l'organe de l'interprète, quelquefois un auxiliaire sans sûreté, et les avocats se chargent d'embrouiller les notions qu'il possède en droit musulman.

A ces causes d'infériorité s'ajoute trop souvent l'impossibilité matérielle d'étudier l'affaire, en raison du grand nombre de causes et du peu de temps dont il dispose. Aussi prononce-t-il rarement ses décisions sur le siège : les audiences se succèdent ; on réclame, et il finit par rendre son jugement. Il existe sans conteste d'honorables exceptions, mais, en général, les choses sont conformes au tableau ci-dessus.

En somme, l'institution ne remplit pas son but. L'indigène obtient difficilement justice, et l'application de la loi musulmane n'est pas entourée des garanties nécessaires.

Les inconvénients de la justice des cadis sont remplacés par d'autres, plus funestes peut-être. Le justiciable n'a rien gagné au changement.

Les chambres d'appels musulmans, ce qu'elles sont, ce qu'elles devraient être.

Il est vrai que, comme autrefois, les plaideurs ont la ressource, *pour les litiges qui dépassent 5oo francs,* de faire appel devant la chambre musulmane du tribunal. Ont-ils lieu de s'en féliciter? Nous ne voudrions pour rien au monde qu'on nous reprochât de médire de qui que ce soit, mais l'intérêt de la vérité oblige à ne rien cacher. Nous ne faisons, du reste, aucune personnalité, et surtout ne mettons pas en doute les intentions et la probité. Ce n'est qu'une *opinion* fondée sur une conviction sincère, rien de plus. En traitant ces graves questions, pouvons-nous faire une exception sur ce seul point? Evidemment non! Personne ne peut équitablement nous reprocher d'apporter ici un simple témoignage.

Voyons donc ce que sont nos chambres d'appel et ce qu'elles devraient être.

Pour redresser les erreurs du premier juge en matière musulmane, il faudrait, avant tout, des magistrats connaissant bien la législation islamique. Les membres de la chambre d'appel sont-ils dans ce cas? S'il y a, parmi eux, des spécialistes, les choisit-on pour former cet aréopage ? Nullement, puisque c'est le sort qui les désigne. Il peut même arriver qu'ils en soient exclus et que la chambre se trouve composée de magistrats récemment arrivés de France.

Voilà la vérité ; si cela paraît étrange, nous n'y pouvons rien. Ainsi, dans un grand nombre de cas, la sentence rendue par un juge de paix n'ayant qu'une notion imparfaite de la législation musulmane, sera revisée par des magistrats insuffisamment qualifiés pour la mieux connaître.

Pourquoi, dans ces conditions, le jugement d'appel vaudrait-il mieux que celui du premier juge ? Il y a plus : le juge de paix ne perd pas de vue que sa sentence sera sans doute frappée d'appel, tandis que la décision de la chambre échappera à toute revision. Loin de nous l'intention de dire que les juges en profiteront pour apporter moins de soin dans l'étude et la solution de l'affaire ; mais c'est un fait, et nous n'avons pas à démontrer les inconvénients théoriques des juridictions sans appel. Or, les intérêts en cause sont souvent de la plus haute importance. Enfin, la limite de 500 francs pour les jugements en premier ressort est trop élevée.

Pourvois devant la cour.

On ne manquera pas d'objecter que le pourvoi devant la chambre de cassation de la cour d'Alger doit obvier à cet inconvénient. Pour s'en rendre compte, il n'y a qu'à consulter le relevé des pourvois formés, de ceux qui ont été admis par les *requêtes,* et des jugements cassés depuis la création de la chambre pour toute l'Algérie. La faiblesse du chiffre aura lieu de surprendre ; il ne faudrait pas en conclure que les plaideurs sont satisfaits et les décisions inattaquables. En réalité, la brièveté du délai, les difficultés de la procédure, la sévérité de la chambre des requêtes, qui ne peut accepter le pourvoi que pour des motifs très restreints, ont rendu illusoire cette garantie et forcé les gens à y renoncer.

Voilà pourquoi les jugements des chambres d'appel sont définitifs ; le pourvoi à la cour de cassation qui a pu rendre naguère tant de services et qui existe encore en matière civile ordinaire, a été remplacé en matière musulmane par une juridiction quasi inaccessible.

Inconvénients de l'organisation actuelle.

Toutes ces mesures réparatrices et moralisatrices, édictées dans l'intérêt de nos indigènes, leur ont été nuisibles, et voilà pourquoi ils regrettent leurs cadis.

A bien examiner les choses, il ne pouvait guère en être autrement. On voulait remplacer les cadis par des juges français appliquant la législation musulmane. Soit ! Mais il fallait trouver et préparer à cet effet des juges du premier et du second degré. On a préféré en mettre la charge, par surcroît, sur le dos de tous les juges de paix, déjà si occupés, en leur attribuant la juridiction naguère répartie entre plusieurs cadis et faire reviser leurs sentences par des juges désignés par le sort du roulement. Pourquoi le résultat serait-il différent ?

On s'est trompé ; il s'agit de le reconnaître. L'erreur est toujours excusable étant essentiellement humaine ; la faute serait d'y persister. Le devoir consiste à la réparer, et, en sauvegardant les intérêts du présent, à préparer l'avenir.

Réformes proposées.

La première réforme consiste à rendre aux cadis la connaissance des procès civils de toute nature, en dernier ressort jusqu'à une somme déterminée et en premier ressort pour le reste. Mais il faut se garder de laisser ces magistrats livrés à eux-mêmes ; il faut au contraire, les soumettre à un contrôle incessant, à une surveillance effective, et frapper sans merci ceux qui s'écarteront de la bonne voie. Cette mesure pourrait, du reste, être transitoire et permettre d'attendre qu'on soit en état de faire mieux.

C'est pourquoi, il serait bon, à titre d'indication pour l'avenir, de maintenir, sur certains points, des juges français chargés *exclusivement* de la juridiction indigène au premier degré, à la condition toutefois d'exiger d'eux une connaissance approfondie de la matière. Le simple certificat de coutumes algériennes ne peut suffire et il faudra évidemment organiser un enseignement complet de la législation islamique. En même temps, il y aurait lieu de former des chambres d'appel composées de magistrats ayant étudié spécialement la loi musulmane, n'en fît-on qu'une par département, pour commencer (1).

Il va sans dire qu'on pourrait offrir des avantages particuliers à ces magistrats. Actuellement, en effet, pourquoi se livreraient-ils à une étude ardue qui ne peut produire ses effets qu'en la poussant jusqu'au bout ? On ne leur en tiendrait aucun compte ; peut-être même se verraient-ils préférer des collègues déclarant que la loi musulmane *n'existe pas*. Il est si facile de nier ce qu'on ignore !

Enfin, il est indispensable que la voie de la cassation soit étendue aux indigènes pour les procès d'une certaine importance et que l'exercice de ce droit cesse d'être entouré de difficultés qui l'annulent.

Telles sont les mesures nécessaires, pour mettre un terme à une situation incompatible avec les devoirs d'un pays comme la France envers ses sujets musulmans. Si l'on ne veut pas s'y résoudre, il ne reste qu'à supprimer toute l'organisation actuelle en matière musulmane et à soumettre les indigènes au droit commun français. Ce sera plus sincère ; s'ils en supportent les inconvénients, ils en auront au moins les avantages.

On pourrait encore, pour ne pas être trop

(1) Evidemment toutes réserves sont faites pour les honorables magistrats capables.

absolu, rendre aux cadis la connaissance des petits litiges au-dessous de 200 francs, si nombreux chez nos idigènes et demandant une solution immédiate. Au-dessus de cette limite et pour une foule de contestations de droit commun, la compétence exclusive du juge de paix spécial dont nous avons parlé, serait maintenue.

Enfin, il y aurait avantage à permettre au cadi de recevoir un certain nombre d'actes tels que ventes, locations, conventions, etc., lorsque la valeur de la chose ne dépasserait pas un chiffre de 2 à 300 francs, par exemple. Les frais de nos officiers ministériels sont trop élevés et les formalités trop longues ; il en résulte qu'un grand nombre de transactions sont constatées par des écrivains de douar, dépourvus des connaissances et des garanties nécessaires. Beaucoup d'actes même, restent à l'état de conventions verbales, ce qui donne lieu à des contestations ultérieures.

De deux maux il faut choisir le moindre ; l'acte du cadi, inscrit à sa date sur le registre, serait préférable à tous les points de vue. Une surveillance effective exercée sur les mahakma, l'obligation de suivre les règles légales, avec de bonnes formules, donneraient à ces actes une valeur réelle. Autant que qui que ce soit, nous sentons ce que peut avoir de pénible ce recul pour notre amour-propre. Aux yeux des indigènes cela n'aurait pas l'importance que l'on pourrait croire. Ces considérations, du reste, doivent s'effacer devant l'intérêt supérieur de la justice. Le recul ne serait que momentané ; nos magistrats auraient tout à y gagner et ne tarderaient pas à recouvrer leur légitime influence.

Rappelons, pour mémoire, ce que nous avons dit au sujet de la délibération de Djemâa, dans le chapitre de la propriété : cette juridiction *administrative* doit être radicalement supprimée. Ses sentences, dans le fond et dans la forme, sont une insulte au bon sens et à l'honnêteté.

La justice répressive.

Passons à la justice répressive dont il a déjà été parlé à propos de la sécurité. Elle est représentée, en territoire civil par le tribunal correctionnel et la cour d'assises, en territoire militaire, par le conseil de guerre. A cela il faut ajouter les internements ou expulsions ordonnés par mesure administrative.

Les indigènes détenus. — Opinions diverses.

Le nombre des indigènes détenus dans les maisons centrales, prisons, pénitenciers, bagnes est considérable ; et pourtant, combien de délits et de crimes échappent à la répression, parce que les auteurs ne peuvent être découverts ; combien de coupables sont rendus à la liberté par des non-lieu ou des acquittements !

Beaucoup de gens affirment que les Arabes sont trop heureux en prison, qu'il faudrait les faire travailler dans les chantiers publics, etc. Nous ne croyons pas, pour notre part, que la prison ait tant d'attraits pour nos indigènes. Autant que qui que ce soit, ils tiennent à la liberté ; s'ils paraissent en supporter la privation, c'est un effet de la résignation qu'ils opposent aux accidents de la vie. Du reste, il n'y a pas d'inconvénient à les faire travailler, si on peut empêcher les évasions. Quant aux mesures à prendre après l'achèvement de leur peine, elles doivent se borner à une surveillance effective.

Inefficacité des répressions.

Ainsi que nous l'avons dit, le mode de répression nous paraît secondaire. Il vaut mieux atteindre le mal à sa racine ; surveiller de près les malfaiteurs ; protéger efficacement leurs victimes désignées ; en un mot, mettre un terme à l'anarchie et à la protection qui encouragent les crimes, par suite, les rendre plus difficiles et moins fructueux.

Après avoir diminué dans de grandes proportions le nombre des méfaits, il faudrait que les auteurs de ceux qui seront commis ne restassent pas impunis.

La surveillance et l'instruction préliminaire confiées à l'administrateur.

L'administrateur sera mieux à même que qui que ce soit de découvrir les vrais coupables. Mais qu'on ne nous parle pas des agents de la sûreté dans les petits postes ; ils n'ont rien de ce qu'il faut pour être utiles. Quant aux juges de paix, en général, ils ont le défaut de ne pas savoir l'arabe et de ne pas connaître suffisamment les indigènes éloignés de leur résidence. C'est l'interprète qui, en réalité, tient la clef de l'instruction, et comme il est presque toujours un auxiliaire sans responsabilité, d'une capacité médiocre et d'une honnêteté relative, il est rare qu'elle aboutisse à un résultat sérieux.

Sauf des exceptions dues à la valeur personnelle et à la sagacité du magistrat, il ne peut en être autrement. Pour réussir dans ces affaires, la première condition est la rapidité, de façon à arriver avant que les gens aient eu le temps de s'entendre et de faire la leçon à chacun. Le transport du juge de paix est forcément tardif ; il se trouve ainsi en état d'infériorité, se heurte à des dénégations convenues et est exposé à voir toutes les fourberies se dérouler devant lui sans les comprendre. Une instruction mal commencée est bien compromise : il est si facile de lancer le roumi sur une fausse piste ! Le cheikh, n'est pas sous l'autorité du juge, aussi ne cherche-t-il pas toujours à le mettre dans la bonne voie. Combien la situation de l'administrateur est plus favorable ; combien de lenteurs et de complications seraient évitées en le laissant agir seul !

La cour d'assises et le jury.

Avec cette réforme pour l'instruction et la cour d'assises siégeant avec ou sans l'assistance du jury, la répression serait rapide et effective. La création d'une cour d'appel à Oran et à Constantine faciliterait l'applicaion de ce système, qui a donné de bons résultats avant 1870. En même temps, les colons ne seraient plus forcés de laisser leurs affaires à l'abandon pour venir au chef-lieu, passer de longues et tristes journées à écouter les mêmes histoires de meurtre, entre indigènes, les mêmes réquisitoires, les mêmes plaidoiries.

Enfin, les crédits de la justice en seraient notablement soulagés.

Justification des conclusions qui précèdent.

Nous n'avons rien dissimulé des inconvénients de l'organisation actuelle de la justice musulmane ; ils sont graves. La fréquentation intime de ces justiciables a porté une fâcheuse atteinte au bon renom acquis naguère par nos magistrats.

Il y a tout intérêt à laisser les indigènes vider la masse de leurs petites affaires devant le cadi, leur juge naturel ; s'ils n'en sont pas contents, qu'ils viennent solliciter la réparation devant notre justice impartiale et éclairée. Dans ces conditions, la situation de nos magistrats reprendra son prestige ; les musulmans n'étant plus forcés de se faire juger par eux, recommenceront à déblatérer contre leurs cadis, et nos juges seront débarrassés d'une charge qui les écrase et de la masse de ces justiciables encombrants qu'il est bon de tenir à distance et de dominer.

Loin d'être diminué à leurs yeux par ce dessaisissement, notre magistrature rentrera dans son rôle et ne tardera pas à recouvrer sa haute influence. Voilà ce que nous souhaitons pour elle : si donc on a pu trouver nos critiques un peu sévères, chacun reconnaîtra, qu'elles ne procèdent pas de stériles tendances au dénigrement, mais du désir de la détourner d'une voie fatale, pour la replacer dans la sphère qui lui convient.

En cette matière, comme en toute autre, nous poursuivons imperturbablement le même but, par les mêmes procédés : dire la vérité, toute la vérité, et chercher à satisfaire en même temps l'intérêt actuel des indigènes et celui de la France.

CHAPITRE VIII

La question religieuse. — Les marabouts et les confréries.

Caractère de la foi religieuse de nos indigènes.

Nous avons dit à plusieurs reprises que les populations de l'Afrique septentrionale ne possèdent à aucun degré l'esprit de nationalité, tel que nous le comprenons, et qu'un seul lien est capable de les unir, celui de la religion. Cependant, il ne faudrait pas donner à cette constatation un sens trop étendu, trop précis.

Le musulman est un croyant d'une espèce particulière ; forcé de s'incliner devant la nécessité des temps, il a abdiqué toute idée de prosélytisme et est revenu à la tolérance qui, en somme, est le fond de la doctrine islamique. Mais s'il voit sans le moindre dépit pratiquer autour de lui d'autres cultes, il ne permet pas qu'on gêne ou qu'on méprise sa religion.

Il se soumet à la domination de l'infidèle parce que, sans doute, Dieu l'a voulu ; mais si, en Algérie, par exemple, le chrétien avait l'imprudence d'afficher de la haine pour la religion du prophète, s'il édictait des mesures de contrainte à l'égard de ses sectateurs, tous les indigènes, depuis le premier jusqu'au dernier, se soulèveraient et lutteraient à mort pour la défense de leur foi.

Tel est, sur cette matière, le sentiment de nos sujets d'Algérie, sans distinction, de l'est à l'ouest, du nord au sud. C'est à tort qu'on a cherché à établir des catégories, en prétendant que tel groupe, — les Kabyles, par exemple, — était plus tiède que tel autre, et que le fanatisme était plus particulièrement cantonné dans tel ou tel endroit. Le musulman est plus ou moins instruit, plus ou moins pratiquant, c'est incontestable ; il a admis ou conservé des pratiques plus ou moins orthodoxes, mais, au fond, la conviction est la même chez tous. Ce fait est le trait caractéristique de l'islamisme et donne peut-être la clé de son succès et de sa force : la simplicité du dogme fait de l'adepte un vrai croyant parfait, se suffisant à lui-même et n'ayant besoin ni de prêtre, ni de mosquée pour pratiquer sincèrement son culte.

Individualisme du musulman. — Indifférence à l'égard du prochain.

Cette simplicité, cet idéalisme permettant au fidèle d'entrer en relations directes avec son Dieu, ont pour effet de développer l'individualisme au détriment de l'esprit de solidarité. Rien ne pouvait mieux concorder avec les tendances invétérées de nos Africains.

Ainsi s'explique la manière d'être des musulmans d'Algérie, à l'époque actuelle, sur la question religieuse : intransigeance absolue pour tout ce qui touche à la pratique personnelle de leur culte ; tolérance, indifférence même, à l'égard des infidèles maîtres du pays et de leurs manifestations religieuses. En réalité, ces gens croient sincèrement à l'excellence de la religion musulmane, à son Dieu, à son prophète et à la vie future. Cela leur suffit, parce qu'ils n'ont de devoirs qu'envers eux-mêmes (1). Pour le surplus, ils n'en ont cure et se contentent de remplir leurs devoirs religieux comme ils le peuvent, s'inclinant

(1) RENAN, *Histoire générale et système comparé des langues sémitiques*, chap. I.

sans réserve devant les faits comme devant une manifestation de la volonté divine.

L'esprit de conquête, de domination et de propagande de l'Islam n'existe plus chez eux. A peine en conservent-ils un lointain et vague souvenir.

C'est à tort qu'on attribue la résistance des indigènes au fanatisme et à la haine du chrétien.

Cet exposé de la question heurtera peut-être des préjugés, car il a été de mode jusqu'à présent d'attribuer à la haine religieuse et au fanatisme, la responsabilité de la résistance et des révoltes contre lesquelles nous avons eu à lutter en Algérie. On ne saurait nier, en effet, que ce sentiment ait été exploité par des hommes tels qu'Abd-el-Kader et des agitateurs de moindre envergure. Quel autre prétexte auraient-ils pu employer, puisque le sentiment national n'existait pas ? Si nous avions mieux connu la réalité, nous n'aurions pas permis à ces ambitieux de développer leur puissance ; les populations ne se seraient certainement pas levées d'elles-mêmes pour expulser l'infidèle, s'il les avait laissées tranquilles.

La preuve de cette assertion est fournie par l'histoire.

La meilleure preuve que la haine du chrétien n'est pas le motif déterminant de ces guerres et de ces révoltes est fournie par l'histoire du pays.

Sans remonter aux luttes des Berbères Kharedjites contre les orthodoxes, qui ont duré plus de deux siècles (de 740 à 950), rappelons que la fondation des grands empires berbères du moyen âge (Obéidite, Almoravide, Almohade) et leur remplacement par les dynasties hafside, zeyanite et mérinide, ont été la conséquence de luttes entre musulmans, sous le prétexte de réformes religieuses. A partir du seizième siècle, les dynasties des Cherifs zeyanites, puis Hassani, se sont substituées, au Maroc, à celle des Merinides, attaquée et détrônée comme hétérodoxe. En même temps, l'autorité des yoldach turcs s'implantait en Algérie et en Tunisie, sur les ruines d'autres royaumes musulmans.

A côté de ces crises, durant une longue suite de siècles, le pays est le théâtre de révoltes constantes. En général, les promoteurs sont de prétendus réformateurs religieux, des illuminés qui combattent le pouvoir établi, en s'abritant sous le manteau de la religion, et pourtant il ne s'agit pas ici d'expulser l'infidèle de la terre de l'Islam.

Passons en revue les mouvements de ce genre qui se sont produits en Algérie, durant les trente années précédant la conquète.

En 1803, un certain Bel-Ahrech, surnommé Bou-Dali, à son retour d'Egypte, se réfugie dans la région montagneuse située au nord de Constantine, soulève les populations semi-kabyles de cette contrée et vient à la tète d'une masse considérable d'adhérents fanatisés, attaquer cette ville ; il la surprend et manque de s'en emparer. Blessé à l'assaut, il voit ses troupes se disperser, mais ne tarde pas à reprendre la campagne et tient en échec les beys de Constantine. L'un d'eux, Osmane, est défait et tué dans la montagne (1805) et ce n'est qu'en 1807, que l'agitateur est définitivement expulsé (1).

En mème temps (1805), un grand rassemblement de Marocains, disciples de la confrérie des Derkaoua, conduits par le chef de la secte, nommé Chérif, envahissait la province d'Oran, la parcourait en vainqueur et s'emparait de Maskara, après avoir défait

(1) Voir notre *Histoire de l'Afrique septentrionale,* t. III, p. 456 et suivantes.

l'armée turque. Bientôt, le chef des Derkaoua venait avec ses bandes assiéger Oran. Il fallut les efforts considérables des beys pour les repousser (1806).

Les Derkaoua envahirent alors la province d'Alger, mettant tout au pillage. Ce fut une nouvelle guerre qui dura deux ans, ensanglanta les régions centrales des provinces d'Alger et d'Oran et fut suivie d'une longue anarchie. — Dans la province de Constantine, les grandes tribus des hauts plateaux, du Hodua à la frontière tunisienne, restèrent en état d'insurrection jusqu'en 1826. Housseïn, le dernier dey, secondé par son général Yahia-Ag'a, parvint avec peine à rétablir la paix et dompta, en 1823, une grande révolte des régions kabyles.

Ces révoltes ne pouvaient être motivées par le désir d'expulser l'infidèle.

Voilà ce qui se passait en Algérie, dans les dernières années de la domination turque. Ces levées de boucliers n'étaient pas provoquées par un sentiment religieux, par la haine du chrétien envahisseur, puisque les maîtres du pays étaient musulmans et que le chrétien ne l'habitait que comme esclave.

Cependant, des chérifs étaient à leur tête.

En réalité, ces révoltes, dues à la faiblesse et au mauvais gouvernement des Turcs, étaient devenues, pour les populations algériennes, un mal endémique, toujours prêt à s'envenimer et qui éclatait aussitôt que l'action de l'autorité s'affaiblissait dans la région.

Pourquoi donc s'étonner que, dans les premiers temps, nous ayons eu à lutter contre des mouvements semblables? Une société ne rompt pas ainsi avec des habitudes séculaires. Ce qu'il faut retenir, au contraire, c'est la facilité avec laquelle nos indigènes ont abandonné ces traditions.

Les révoltes contre lesquelles les Turcs, nos prédécesseurs, luttèrent dans les dernières années de leur domination, et précédemment aussi, — étaient colorées de prétextes religieux, aussi bien que celles beaucoup moins nombreuses, qui se sont produites depuis notre conquête.

Abd-el-Kader attaque le marabout Tedjini.

Citons un dernier fait digne de remarque : lorsque, après le traité de la Tafna, Abd-el-Kader eut organisé ses forces militaires — avec notre concours — contre qui ce champion de l'Islam tint-il à en faire l'essai? Contre un pieux musulman, Tedjini, fils du fondateur de la confrérie des Tidjania. Il alla l'assiéger dans son Keçar d'Aïn-Mâdi, au delà de Laghouat et s'épuisa en efforts, pendant toute l'année 1838, pour le réduire (1). Ici encore, l'exclusivisme religieux n'avait aucune part, puisque deux dévots musulmans luttaient l'un contre l'autre.

Ces détails étaient nécessaires pour justifier une allégation de nature à heurter les préjugés en cours. L'affaire, du reste, en vaut la peine et la constatation du fait mérite d'être retenue pour notre gouverne. Il est très important de savoir que nos prédécesseurs musulmans étaient victimes bien plus que nous, infidèles, d'insurrections provoquées par des agitateurs religieux.

Il n'y a pas de clergé proprement dit. Les marabouts et les confréries.

Le sectateur de l'Islam, avons-nous dit, se suffit à lui-même pour la pratique de la religion. Voilà pourquoi il n'y a pas de clergé chez les musulmans. Tout homme instruit

(1) Voir les détails de cette campagne dans les *Souvenirs de* Léon Roches, *Trente ans à travers l'Islam.*

peut être nommé iman (desservant) de mosquée, moufti (docteur consultant en droit canon), aussi bien que magistrat et fonctionnaire.

C'est à tort, selon nous, que l'administration a fait certaines tentatives pour organiser une sorte de clergé séculier et instituer, en divers lieux, des postes de moufti, en donnant à ce fonctionnaire le caractère de chef du culte. Choisis arbitrairement, ces évêques au petit pied n'ont, en général, aucune influence sur les fidèles et touchent un traitement pour ne rien faire.

Mais il est d'autres éléments, sans aucun caractère officiel, dont l'action est prépondérante, au point de vue religieux. Nous avons nommé les marabouts et les confréries. Etudions-les successivement.

Définition du marabout. — Son origine.

Définir le marabout est bien difficile, non seulement parce que les expressions propres nous manquent, mais parce que toute explication française donnera un sens trop précis, par suite inexact. Il en sera de même pour les confréries et la plupart des choses musulmanes.

Il faut, pour bien se rendre compte de l'institution, remonter à son origine. Peu de temps après la mort de Mahomet, ses adeptes se lancèrent à la conquête de l'Asie et de l'Afrique du nord, puis de l'Espagne, de la Sicile, etc. (VIIe et VIIIe siècles). Bien qu'en général, ils n'y fussent pas contraints dans le principe, les peuples conquis adoptèrent, plus ou moins complètement, la religion de leurs vainqueurs. Les guerriers sans cesse en marche vers les deux pôles de ce vaste empire n'avaient pas le temps de s'occuper de la conversion des infidèles qu'ils venaient de soumettre. Il fallait pour cela des missionnaires spéciaux restant dans le pays, en enfants perdus, faisant le sacrifice de leur vie au profit de la foi et capables de la défendre en soldats.

A cet effet, les intelligents chefs de la communauté établirent, sur tous les points à catéchiser, des *ribat,* sortes de couvents, où des volontaires venaient s'enfermer pour subir une purification de leurs fautes par des châtiments corporels et la prière, et recevoir le complément d'instruction religieuse nécessaire. Ils sortaient du ribat régénérés, ayant rompu avec tous les intérêts du monde, pour se vouer exclusivement au service de Dieu et de la religion, c'est-à-dire *marabouts,* (passés au ribat) (1).

Voilà ce qu'est essentiellement le marabout: un homme qui n'a plus rien de commun avec ses pareils, qui n'existe plus pour le monde et qui sacrifie les jours que Dieu jugera devoir lui laisser à un seul but : convertir les infidèles, faire triompher les principes de la vraie foi.

Les marabouts conquérants (Almoravides).

Cette milice fut le principal agent de diffusion de l'islamisme au milieu des pays conquis. Mais, dès la seconde moitié de notre huitième siècle, l'expansion des musulmans se trouva arrêtée en Europe, puis repoussée en Espagne jusqu'au delà de l'Ebre. L'ardeur des convertisseurs se reporta vers les vastes régions du sud. On forma des ribats sur les bords du Niger; puis les marabouts, organisés militairement, allèrent ravager le Soudan, sous le prétexte de convertir les nègres. Bien disciplinés, guerriers intrépides, ces marabouts constituaient, au milieu du onzième

(1) IBU KHALDOUN, *Histoire des Berbères* (trad. de SLAM), t. I, p. 82, et *Abou Obeïd el Bekri* (trad. du même), p. 19 et suivantes.

siècle, une force qu'il fallait utiliser. Et comme il ne restait, pour ainsi dire, plus d'infidèles à convertir dans les régions sahariennes, leurs chefs se rendirent compte que les dynasties berbères de l'Afrique du nord pratiquaient fort mal la religion islamique ; qu'ils toléraient des usages absolument hétérodoxes et décidèrent qu'il était obligatoire de les contraindre par la force à une nouvelle conversion et à l'abandon de leurs hérésies.

Les puritains du Sahara, ancêtres de nos Touaregs, marchèrent vers le nord et, au prix de longues et terribles luttes, restèrent maîtres du Maroc, des provinces d'Alger et d'Oran et de l'Espagne musulmane. Mais, après avoir conquis, il fallut bien conserver et ainsi se fonda l'empire des Merabtines (des Marabouts), ou Almoravides, selon la prononciation espagnole (1).

Le triomphe si inattendu, si éclatant des marabouts leur fut fatal. En devenant puissance terrestre, ils changèrent de nature et se dépouillèrent de leur caractère propre pour rentrer dans la catégorie ordinaire des humains. Aussi cet empire ne tarda-t-il pas à

(1) Voir *Histoire de l'Afrique septentrionale*, t. II, chap. II et suivants.

s'effondrer sous les coups d'autres réformateurs religieux, les Almohades.

Ainsi, le marabout, après avoir été un convertisseur puritain, était devenu guerrier fondateur d'empire. Il avait combattu des musulmans amollis par l'exercice du pouvoir et s'était assis sur leurs trônes, oubliant ainsi ses principes et sa raison d'être. L'institution en avait été détruite sans profit temporel pour ceux qui étaient tombés dans cette erreur.

Le marabout reprend son rôle de convertisseur.

Guéri à jamais de ses erreurs ambitieuses, le marabout rentra dans son rôle essentiel et demeura un homme détaché de tout intérêt terrestre, voué exclusivement au service de Dieu et parcourant isolément les contrées de la Berbérie, pour répandre, par sa parole et par ses actes, les vrais principes de la religion musulmane. Sa seule arme sera le bâton de pèlerin, ses moyens d'action l'humilité et la ferveur.

Certaines régions, particulièrement celles du sud du Maroc, fournirent durant de longs siècles, du treizième au dix-huitième, des légions de marabouts de cette sorte, qui pénétrèrent dans les montagnes les plus reculées, les plaines, les hauts plateaux et les steppes sahariennes de l'Algérie. Leur action, au point de vue religieux, fut considérable et la piété des fidèles éleva à ces pieux missionnaires les blanches koubba que l'on rencontre partout.

Beaucoup d'entre eux se fixèrent, groupèrent autour d'eux des fractions d'origines diverses, réunies ensuite en tribus qui prirent leurs noms. Certains firent souche et leurs descendants continuèrent à porter le nom de marabouts. D'autres se virent entraînés à jouer un rôle politique ; se parant du titre obligatoire de chérif, ils soulevèrent les populations contre le pouvoir séculier.

Le marabout actuel.

Ce rôle définitif du marabout a persisté, en s'atténuant, jusqu'à nos jours. Et voilà pourquoi le titre s'applique aussi bien au saint homme déguenillé qui parcourt les campagnes en répétant le nom de Dieu et du prophète, à l'ascète à moitié fou, retiré dans quelque niche, où il est l'objet de la vénération des fidèles, au pieux personnage continuant la tradition de son ancêtre auprès de son tombeau, qu'au descendant de famille maraboutique tombé dans la dégradation.

Comprend-on maintenant combien il est difficile de donner une définition simple et précise du marabout?

Ces religieux circulant au milieu des populations indigènes ou ayant su conserver les foyers d'influence créés par leurs ancêtres, objet de la vénération superstitieuse des masses, constituent une force latente, occulte agissant sur cette société, et pouvant être utile ou devenir dangereuse pour les maîtres du pays.

Il faut utiliser le concours des marabouts.

Les Turcs l'avaient bien compris ; aussi, accordaient-ils aux marabouts influents des avantages, des faveurs et des honneurs de toute sorte. Par ce moyen, ils obtenaient leur concours, ou tout au moins leur neutralité, plus ou moins sincère.

Nous avons intérêt, aussi bien qu'eux, à ménager leur caste, qui, en général, n'est pas dangereuse par ce qu'elle possède. Le marabout intrigant, cherchant à jouer un rôle et à se faire une place au soleil, est beaucoup plus sujet à caution. Heureusement, ces ambitieux deviennent de plus en plus rares ; ils ne peuvent, comme autrefois, établir peu à peu leur influence, sans éveiller l'attention de l'autorité, à même d'agir sur tous les points. Le métier n'est pour ainsi dire plus possible matériellement.

En somme, sans s'exagérer le danger actuel des marabouts, l'administration doit exercer sur eux une surveillance discrète et efficace, et ne pas hésiter à enlever ceux qui démontrent par leurs actes des intentions hostiles.

Les confréries religieuses. — Erreurs et exagérations en cours.

Passons à la question des confréries religieuses, sur laquelle on a publié depuis quelques années de bien gros livres, remplis de documents de toute espèce et de pronostics peu rassurants.

Comme toutes les autres, elle est complexe et demande à être étudiée de sang-froid, en écartant le parti pris et les assimilations erronées.

On s'accorde généralement à présenter ces confréries comme des sociétés secrètes parfaitement organisées et hiérarchisées, dont chaque membre est un instrument docile et passif entre les mains de ses chefs directs, lesquels reçoivent le mot d'ordre du grand-maître, résidant souvent à l'étranger. On dit que toutes sont des écoles de fanatisme, où s'impose la haine du chrétien et l'obligation de le combattre ; que la plus hostile est celle des Senoussya, créée dans le but de purger la terre de l'Islam de la souillure de l'infidèle et l'on en conclut qu'elles constituent un danger imminent pour notre domination.

Il y a dans tout cela une part de vérité, mais les conséquences que l'on en tire sont hors de proportion avec la réalité des faits. Or, s'il est bon de prévoir les dangers, il faut se garder d'en exagérer l'importance.

Le premier point à examiner est l'origine, l'organisation et le but de ces confréries.

Origine de ces confréries. — Leur organisation, leur but.

Une des anciennes, ayant servi de modèle aux autres, est celle de Sidi-Abd-el-Kader-el-Djilani, fondée au sixième siècle de l'Hégire (douzième de l'ère chrétienne) et qui a encore son siège à Bagdad. Les sections de ses khouan, répandues dans une grande partie du monde musulman sont placées sous l'autorité des mokaddem, correspondant avec le grand-maître. L'admission dans la confrérie a lieu à la suite d'une cérémonie, dans laquelle le postulant doit répondre aux questions d'un catéchisme dont nous avons publié le texte (1).

Les confrères se réunissent généralement le vendredi, pour réciter ensemble les prières de la secte, en se conformant au rituel. Ces litanies rappellent les liens qui unissaient les compagnons du Prophète, formant une chaîne à laquelle la confrérie prétend se rattacher ; elles exhortent les membres à remplir leurs devoirs religieux et recommandent surtout la pratique de l'aumône, l'un des devoirs étroits auxquels le fidèle ne peut se soustraire. Enfin, les frères doivent obéir strictement à leur mokaddem.

Il est visible que le but du fondateur a été de combattre les conséquences de l'individualisme qui fait que chaque véritable fidèle se suffit à lui-même, et de coordonner les forces éparpillées, en unissant les frères par un lien étroit, sous l'autorité absolue du

_____

(1) Notice sur la confrérie de Sidi-Abd-el-Kader-el-Djilani (*Société archéologique de Constantine*), 1868.

grand-maître et du mokaddem, son seul intermédiaire, muni d'une délégation de ses pouvoirs.

Cette organisation contient les éléments d'une association pouvant devenir formidable, si l'on prend au pied de la lettre les clauses de sa charte. Or, dans la société musulmane africaine, il y a loin des paroles aux actes, du texte d'une règle à son exécution stricte.

La concurrence des nouvelles confréries détruit leur force.

Cependant, si cette confrérie était seule en faveur chez nos musulmans, elle constituerait une force redoutable, mais il s'en est créé et il s'en forme tous les jours de nouvelles sur ce patron, et par le cours naturel des choses, ces associations se trouvent en concurrence et même en opposition.

En outre de celle de Sidi-Abd-el-Kader et de ses dérivés, citons dans les régions kabyles, celle de Sidi-Abd-el-Ralmane-bou-Kobreïne qui est la plus en faveur.

Sur les confins du Sahara c'est celle des Tidjania, fondée par Tedjini, à la fin du siècle dernier.

Plusieurs localités ont une confrérie particulière, comme celle des Hansala, à Constantine, n'étendant leur action que sur un faible rayon.

Le Maroc en fournit trois importantes : les khouan de Moulaï-Taïeb (Taïbïa), à Ouezzan, au sud de Tanger, les Aïssaoua, à Meknès, et les Derkaoua, à Derka.

Enfin celle des Semoussïa, fondée par un musulman des environs de Mostaganem, il y a une soixantaine d'années, n'a pu réussir en Algérie. Son chef a dû s'établir à Djerboub en Cyrénaïque, et a pu y prospérer et étendre son action jusque sur le Ouadaï ; mais le nombre de ses adeptes en Berbérie est presque nul.

Telles sont les principales confréries entre lesquelles se partagent les khouans algériens. Leur nombre et les rivalités qui les divisent, annihilent en grande partie leurs forces, car c'est bien à tort qu'on a cru les khouan de tout ordre susceptibles de s'unir pour une action commune.

C'est tout le contraire ; les faits en ont donné sans cesse la preuve : lorsque les Derkaoua ont envahi la province d'Oran, puis celle d'Alger, de 1805 à 1807, les autres confréries ont lutté sans cesse contre eux :

Abd-el-Kader a attaqué avec fureur le chef de la secte des Tidjanïa ; enfin lorsque des mouvements insurrectionnels locaux se sont produits sous l'impulsion de khouan de certaines confréries, les autres se sont bornés à les laisser faire, sans les aider, quand ils ne les ont pas gênés de diverses manières.

L'obéissance des khouan à leurs chefs est relative.

A l'époque actuelle, nos indigènes, en grande majorité, sont affiliés à quelque confrérie, par tradition de famille ou pour se conformer à la mode. Ils vont à la réunion comme on allait chez nous de préférence à telle ou telle paroisse. Ils y reçoivent les communications du grand-maître, consistant presque toujours en demandes d'argent, participent aux quêtes selon leurs moyens et assistent aux fêtes. Beaucoup d'entre eux ambitionnent les menus emplois de chaouch, de porte-drapeau, de khalifa, et enfin, la dignité de mokaddem, en raison des avantages qu'on peut en tirer dans le maniement des offrandes et la gloriole qui s'y attache.

Mais, si le groupe local recevait des ordres exigeant des actes personnels d'une nature plus ou moins compromettante vis-à-vis de l'autorité, ce serait une autre affaire, et nos conspirateurs auraient bientôt cherché le salut dans la fuite. Voilà comment serait exécutée la fameuse formule : « Le frère doit être entre les mains du mokaddem, comme le mort entre celles du laveur qui le tourne et le retourne à son gré ». Nous sommes loin de ces farouches sectaires, tels qu'on les a représentés, prêts à exécuter sur un signe du maître les plus terribles besognes. Hantés par la légende des assassins (Hachaïchïine) du Vieux de la Montagne, rapprochant les statuts des khouan de ceux de sociétés célèbres, trompés par des récits de voyageurs ou des appréciations d'écrivains pleins d'imagination, nous en avons fait un monstre peu conforme à la réalité.

Les mokaddem et les khouan requièrent l'intervention de l'autorité française dans leurs affaires.

Un trait achèvera de dépeindre l'état d'esprit de nos carbonari en gandouras : La grosse affaire des chefs de groupe consiste à recueillir les offrandes et à multiplier les quêtes ; il en résulte que le mokaddem est souvent l'objet d'accusations de détournements de la part des khouan. Après bien des disputes à la zaouïa, la situation, loin de s'éclaircir, se trouve encore plus embrouillée et l'on se décide à avoir recours à un arbitre. Qui choisira-t-on ? Ces braves gens n'hésitent pas une minute, c'est le représentant de l'autorité, le fonctionnaire français qu'ils vont chercher ! et certes, ils ne lui cachent rien.

D'autrefois, il s'agit de remplacer le mokaddem ; les khouan ne peuvent s'entendre ; deux ou trois groupes ont chacun leur candidat, et n'en veulent pas démordre. La confrérie locale menace de se fractionner; on écrit au grand-maître, pour qu'il décide entre les compétiteurs. Mais il a peur de se tromper et se borne à adresser à ses adhérents des exhortations et des conseils pacifiques. Il ne reste plus qu'à requérir l'intervention du chrétien.

Lorsque, depuis de longues années, on voit de près ces choses, qu'on est même appelé à y intervenir, n'est-il pas naturel qu'on n'accepte plus sans réserve les prédictions effrayantes de certains spécialistes au sujet des confréries musulmanes? Nous mettons véritablement trop de complaisance à prendre au sérieux les institutions de nos musulmans. Ils sont bien moins absolus que nous ; trop souvent nous rendons la vie à des choses mortes ou sans force.

Et qu'on ne croie pas que certaines sectes sont plus irréductibles que d'autres. Elles sont les mêmes partout. Nous tenons de notre grand explorateur M. Monteil, que la rencontre des Senoussya, au delà du Tchad, a été pour lui un grand bonheur et qu'il n'a eu qu'à se louer d'eux dans la circonstance.

Chacun sait qu'il suffit de marcher résolûment sur les fantômes pour les voir s'évanouir, pourquoi n'agit-on pas de même à l'égard de préjugés, ayant conquis force de loi chez nous, et qui reviennent fortifiés au lieu d'origine ?

La part de vérité. — Mesures à prendre.

En cette matière, comme en bien d'autres, le salut est dans la recherche sincère de la vérité. Pour la dégager, nous avons dû combattre les erreurs sous lesquelles était masquée la réalité des choses ; mais dans cette voie, ce serait un tort de faire table rase et de ne rien vouloir admettre. Ce procédé n'est pas le nôtre, et pour le prouver, nous n'avons qu'à rappeler la déclaration faite au début, à savoir qu'il y a une part de vérité dans les craintes ayant cours.

Les confréries, en général, ne sont pas à craindre pour nous, parce qu'elles ne forment pas, comme on le croit, une vaste association agissant avec ensemble et discipline ; que, de même que les marabouts casés, elles tiennent à rester *beatæ possidentes,* et que les mokaddem veulent conserver leurs prébendes et n'ont aucun goût pour le martyre. Mais il peut arriver qu'un intrigant, fanatique sincère ou imposteur, devenu chef d'un groupe, acquière sur ses adhérents une grande influence et l'emploie pour les entraîner dans la voie de la révolte ; c'est ainsi qu'on a vu des mouvements insurrectionnels éclater sur des points quelconques, au moment où l'on ne s'y attendait pas.

Voilà pourquoi je me garderai bien d'affirmer que nous n'aurons jamais rien à craindre des confréries ; voilà pourquoi il est bon de surveiller les zaouïa et les khouan. On le fait d'une manière suffisante et leurs inconvénients deviennent de moins en moins dangereux.

Mais qu'on se garde d'imposer des contraintes inutiles, ne serait-ce que pour ne pas leur donner à croire qu'on les craint. Il est bien préférable de les laisser livrés à eux-mêmes : l'intérêt privé, la jalousie et l'ambition sont des causes inévitables de désunion, tandis qu'une intervention imprudente, une défense quelconque, fourniraient un motif à la protestation et grouperaient tout le monde.

L'intervention, il faudra s'empresser de l'accepter, mais seulement lorsque les khouan viendront la requérir. Ainsi nous pénétrerons au cœur de la place et ferons de ces fameuses sociétés secrètes de précieux auxiliaires. Elles nous ont déjà rendu plus d'un service politique, notamment celle des Tidjanïa. Il ne faudrait pas cependant, compter sur elles en tout temps et en tout lieu ; ce manque de sécurité est la fatalité des choses arabes, qui ressemblent au sabre de M. Prudhomme, on doit les prendre pour ce qu'elles sont et s'en servir à l'heure propice.

Conclusion.

Telles sont nos idées sur la question religieuse, chez les musulmans algériens, à l'heure actuelle. Peut-être trouvera-t-on que nous l'avons rapetissée. Nous n'y pouvons rien, si les faits sont ainsi. Et, du reste, n'est-ce pas le sort commun de toutes les choses d'Afrique ? La faute, nous l'avons dit, est de juger cette société sur le mètre de la nôtre.

Voici maintenant, pour résumer, ce que nous conseillons :

1° Laisser nos musulmans absolument libres pour tout ce qui se rapporte à leur religion et leur donner la protection nécessaire, en cas de besoin ;

2° Etendre cette tolérance à tout ce qui se rattache à la religion, notamment aux petites écoles de zaouïa, qu'on a eu le tort de vouloir faire fermer pendant les heures de classe des écoles primaires ;

3° Interdire le prosélytisme chrétien ou autre, sous toutes ses formes, bien qu'il n'ait aucune chance de succès, pour éviter les causes de trouble dans cet ordre d'idées ;

4° Surveiller discrètement les marabouts et les confréries et réprimer vigoureusement, dès le début, toute menée occulte ou manifeste, de nature à troubler l'esprit des indigènes et à les pousser au désordre ;

5° Laisser toute liberté aux confréries religieuses, entretenir des relations avec les mokaddem, les aider au besoin, et intervenir en arbitre bienveillant dans les affaires de la secte, lorsqu'on en sera requis. Tenir la balance égale entre toutes et tâcher que l'une ne se développe pas trop au détriment des autres. Ne pas s'opposer à la création de nouvelles confréries ;

6° Enfin, cesser d'agiter sans raison le péril religieux et de présenter les confréries comme un danger imminent, inéluctable, ne fût-ce que pour ne pas faire croire à leurs adeptes qu'elles possèdent une puissance et une force qu'elles sont loin d'avoir.

Est-il besoin d'ajouter que ce programme ne s'applique qu'à la situation actuelle et à la moyenne générale. Rien n'est immuable, surtout dans notre Afrique ; à un changement de l'état des choses, et à des cas particuliers, doivent être appliquées des mesures spéciales.

CHAPITRE IX

L'Instruction des indigènes.
L'Assistance publique.

L'enseignement des sciences arabes.
Première enfance.

La question de l'instruction, comme beaucoup d'autres a donné lieu à des controverses passionnées, à des propositions diverses ; il est donc nécessaire de la résumer et de l'étudier.

Nous la diviserons en deux parties distinctes : l'enseignement de l'arabe et des sciences musulmanes, et l'enseignement du français aux indigènes. Commençons par la première.

Autant que possible, le musulman tient à ce que son fils apprenne à lire en arabe et à réciter au moins quelques passages du Koran. Dans les villes, rien de plus facile : dès l'âge de cinq à six ans, l'enfant est envoyé à la petite école de la zaouïa voisine, où un maître, généralement âgé, lui fait réciter en même temps que ses camarades, la série des planchettes commençant par les lettres de l'alphabet et finissant par le texte du livre sacré. La fréquentation est plus ou moins assidue ; si le maître abuse des coups de baguette, les parents sont faibles et négligents ; après cinq ou six ans de ce régime, l'enfant sait à peine former ses lettres et lire avec difficulté.

Dans les campagnes, il en va tout autrement : l'enfant est nécessaire pour garder les bestiaux et l'école se trouve souvent éloignée. Heureux les serviteurs ou tenanciers attachés à la zaouïa d'un marabout ; leurs enfants peuvent s'instruire, et cependant combien peu en profitent !

Les Arabes de la campagne sont presque tous illettrés. Cependant, ceux qui le peuvent, ont quelquefois le soin de retenir au passage de pauvres derrars (maîtres d'école) nomades, offrant, de douar en douar, leurs services pour enseigner le peu qu'ils savent, moyennant un maigre salaire. Les riches entretiennent des précepteurs plus sérieux.

Deuxième période.

Cette première période mène l'enfant jusqu'à sa douzième année. Neuf sur dix ont abandonné successivement la carrière ardue de l'étude. Ceux qui restent sont placés dans des écoles plus sérieuses, annexées à certaines mosquées, ou admis à suivre des cours, dans les villes. Dans la campagne l'internat est obligatoire. Rien de plus misérable, de plus dégradant que la vie des petits étudiants dans les zaouïas du dehors. Mal nourris, à peine vêtus, soumis aux corvées les plus répugnantes, battus à tout propos, ils sont en outre l'objet des passions contre nature des grands élèves et même des maîtres. Cela dure une dizaine d'années.

Achèvement des études.

Le taleb qui a résisté à ce régime, est un jeune homme pâle et émacié qui ne possède encore que les éléments généraux de ce qu'on appelle la science musulmane. Il lui reste à étudier à fond, auprès des maîtres en renom, les différentes matières ; la période des pérégrinations commence : de proche en proche il parcourt l'Algérie, pénètre dans le

Maroc, ou s'il a pris la direction de l'est, s'avance plus ou moins vers l'Orient, atteint l'Egypte, l'Arabie, la Syrie... Parvenu à l'âge de trente ans, il peut commencer à faire un bon taleb, s'il a profité des leçons des maîtres et pratiqué les deux procédés traditionnels : apprendre par cœur les ouvrages et copier sans cesse des livres entiers.

Tel était le moyen d'acquérir la science, chez nos musulmans. Ses difficultés pratiques expliquent pourquoi le nombre d'indigènes instruits est si faible. Il tend à diminuer encore par la disparition des anciens centres d'études à la vieille mode. Le nombre d'Algériens ayant quelques notions de lecture et d'écriture est peut-être plus considérable qu'autrefois ; mais les études sérieuses, si longues et si difficiles pour un Arabe, sont délaissées.

Enseignement des mederça.

Cet abaissement de l'instruction supérieure musulmane est atténué en partie par l'enseignement donné dans nos trois mederça d'Alger, de Tlemcen et de Constantine. Des maîtres français et indigènes y enseignent la langue et la littérature arabe, le droit musulman, religieux et civil, le français, l'histoire et la géographie, l'arithmétique, les principes de notre droit, etc. L'admission a lieu à la suite d'un concours. La durée des cours est de trois ou quatre ans à Constantine et à Tlemcen, après quoi les élèves ayant satisfait aux examens peuvent être admis à la mederça d'Alger, dite supérieure, d'où ils sortent avec un diplôme spécial. Le service académique a la haute direction de ces établissements.

Nécessité de cet enseignement.

On a beaucoup discuté sur l'avantage et les inconvénients de la mederça ; il serait oiseux d'exposer ici les arguments pour et contre. Il était de mode, vers 1880, de soutenir que les indigènes devaient apprendre notre langue, et qu'en enseignant l'arabe, nous sortions de notre rôle. Pour nous la question est très simple : tant qu'il faudra un personnel indigène pour le service de la justice musulmane et diverses autres fonctions, telles que les imam des mosquées, les muftis, etc., il sera indispensable de préparer des sujets. Or, cette préparation n'est plus possible, ainsi que nous l'avons exposé, au moyen des ressources actuelles de l'enseignement libre.

Le niveau scientifique de nos fonctionnaires indigènes a baissé. Il est urgent de le relever et la France remplit noblement son devoir en essayant de conserver en Algérie un foyer d'études supérieures musulmanes.

Examen des programmes.

Reste à examiner si le programme de nos mederça est bien approprié à son but, et si les élèves qui en sortent sont réellement instruits.

Ici nous sommes forcés de faire des réserves, au moins pour le passé, car il est juste de reconnaître que, depuis quelques années le niveau a été sensiblement relevé.

A notre avis, l'étude parallèle des matières françaises et arabes offre de graves inconvénients, en raison de l'insuffisance du temps passé à la mederça. Les deux enseignements se nuisent réciproquement. Il vaudrait mieux n'accepter les élèves que munis de certains diplômes obtenus dans les écoles françaises, et consacrer exclusivement leur temps aux études arabes. Tout au plus pourrait-on leur faire suivre quelques cours comparatifs de droit et de législation française. Qu'on en fasse de bons taleb, c'est le principal, et surtout, qu'on leur enseigne à fond la législation musulmane.

Mais pourquoi quatre années, s'il en faut en réalité dix?

Passons à la seconde partie.

Enseignement du français aux Arabes.

Depuis de longues années, nos écoles, à tous les degrés, sont ouvertes aux enfants indigènes. Encouragements de toute sorte, bourses dans les lycées, ne leur ont pas été ménagés. On a même créé des institutions spéciales, l'école arabe française, à l'usage des deux sexes et le collège français-arabe.

Membres du parlement et fonctionnaires d'Académie se sont enflammés sur ce sujet, proclamant l'avantage certain, l'action civilisatrice, la conquête des esprits et des cœurs par la propagation de l'enseignement français chez nos indigènes. Sous cette impulsion, des écoles ont été créées un peu partout, dans les villes et dans les campagnes, dans les montagnes kabyles et dans les régions reculées. Cela a coûté fort cher, mais le résultat a été jusqu'ici peu encourageant.

En théorie, et appliquée à un milieu abstrait ou conventionnel, la conception pouvait être juste ; mais il s'agissait de nos indigènes algériens, soumis à des conditions économiques diverses, à des influences traditionnelles, avec des habitudes d'esprit et des préjugés particuliers. Nous reviendrons sur ce sujet.

Nos écoles primaires des villes ont, dès le début, été fréquentées par un très petit nombre d'enfants indigènes. Voici les causes réelles de cette abstention, nous ne parlons ici que des garçons. Si le musulman, ainsi que nous l'avons dit, veut et peut faire apprendre quelque chose à ses enfants, c'est d'abord les éléments de l'arabe et les principes de la religion. Il les envoie à l'école de la zaouïa ou les confie à quelque taleb, jusque vers l'âge de dix à douze ans. Alors seulement il peut les mettre à l'école communale où ces grands garçons sont dépaysés au milieu des plus petites classes. La virilité se développe de bonne heure chez ces enfants ; si les parents sont dans l'aisance, ils ne tardent pas à songer les marier ; s'ils sont pauvres, ils les retirent pour les occuper d'une façon quelconque.

Ecoles arabes-françaises.

Les écoles arabes-françaises de garçons avaient paru, dans le début, appelées à un plus grand avenir. On leur laissait une certaine autonomie ; le maître savait ou apprenait l'arabe et cherchait à fréquenter la société indigène ; on tenait compte des fêtes musulmanes, sans se montrer trop sévère pour la régularité de la fréquentation ; enfin des encouragements pratiques sous forme de chaussures, de bonnets, de ceintures, etc., étaient donnés aux élèves les plus assidus. Le niveau des règlements universitaires a fait disparaître tout cela et ce n'est que depuis peu de temps qu'on est revenu à une organisation plus spéciale.

Les élèves indigènes de nos lycées et collèges.

Les mêmes raisons, augmentées de l'inconvénient du prix de la pension, ont fait que nos lycées et collèges sont peu fréquentés par les enfants indigènes. Autrefois l'autorité militaire et même civile insistait auprès des fonctionnaires musulmans pour qu'ils envoyassent leurs fils dans les établissements d'enseignement secondaire. C'est ce qui avait motivé la création des collèges arabes-français, disparus en 1870, avec le régime dont ils étaient issus.

Quelques enfants de grands chefs, soutenus par la protection de puissants patrons, ont pu, en sortant du lycée, obtenir l'accès de nos grandes écoles militaires et des grades dont ils se sont montrés plus ou moins dignes ; mais le nombre en est restreint : d'autres sont devenus interprètes ou petits fonctionnaires de l'administration, quelques-uns médecins ou pharmaciens.

En somme, les résultats ont été médiocres, au prix de tant d'efforts et de dépenses, car la plupart de ceux qui ont continué leurs études ont été aidés et entretenus par l'administration. Parvenus au but, ils se sont trouvés dans une situation assez fausse, obligés soit de se faire admettre dans la société française, en renonçant à leurs habitudes traditionnelles, soit de rentrer dans le giron de la famille islamique en reprenant ses mœurs et ses idées.

A côté de ces arrivés, combien est grand le nombre de ceux qui ont échoué, toujours par leur faute, c'est incontestable et qui ballottés entre les deux sociétés, sont réduits au rôle de tristes épaves, n'ayant conservé

que les défauts et les vices des deux civili-
sations. Leur exemple est peu encourageant
pour des hommes qui ne jugent que sur les
effets apparents et sensibles.

Efforts de l'administration pour attirer les indigènes dans nos écoles.

Nous avons dit que depuis six ou sept ans,
l'administration académique, tenant compte
de l'expérience acquise s'est appliquée à
modifier un peu l'organisation des écoles
arabes-françaises ; autant que possible des
ateliers sont adjoints et des maîtres ouvriers
viennent y donner des leçons pratiques de
travail du bois et du fer. C'est un bon moyen
d'attirer les élèves qui trouvent insuffisants
les avantages de l'étude théorique du français.
Ce n'est pas assez, car il faudrait encore des
leçons d'arabe et de Koran, données par
des maîtres indigènes. La commune de Constantine paie un taleb à cet effet, mais les
règlements ne permettent cet enseignement
que pendant les heures qui précèdent ou qui
suivent les classes (1) ; cela semble une affectation de mépris et les enfants préfèrent
employer leurs loisirs autrement.

(1) Il s'agit, on le comprend, de rester sur le terrain laïc et
d'éviter le reproche de cléricalisme.

Dans le but de rendre la fréquentation de nos écoles plus assidue, l'administration a déjà songé à appliquer aux indigènes l'obligation de la scolarité, ainsi qu'on l'a fait pour les Européens. Une telle mesure, contestable comme légalité, puisque la loi n'a pas visé nos sujets musulmans, aurait les conséquences les plus fâcheuses, car les indigènes y verraient un empiètement sur le domaine de la conscience et de la religion. Qu'on se garde d'entrer dans cette voie.

C'est dans la même intention que l'Académie avait obtenu, il y a quelque temps, du gouvernement général, une décision prescrivant la fermeture des écoles de zaouïa, pendant les heures de classe de l'école primaire *et ordonnant au taleb d'y conduire les enfants !* Ici l'atteinte à la liberté des indigènes était flagrante ; devant les protestations que l'annonce de cette mesure fit éclater, l'autorité renonça à l'appliquer et elle eut raison.

Voilà où en ont été réduits les protagonistes de l'enseignement du français aux indigènes, pour justifier leurs théories et leurs promesses. Triste moyen de propagande, que la contrainte ; il n'en faudrait pas davantage pour troubler profondément la tranquillité de nos musulmans et faire disparaître leur confiance. Et tout cela pour aboutir à un résultat illusoire ; on ne change pas ainsi l'esprit d'une population surtout quand elle est musulmane, et ce n'est pas parce que les enfants de la génération actuelle passeront quelques années sur les bancs de nos écoles, qu'ils en sortiront francisés. Ils ne seront peut-être plus autant Arabes ou Kabyles, en apparence, mais vaudront-ils mieux pour cela ? Sans hésiter nous répondons : non !

Ecoles arabes-françaises de filles.

Il nous reste à dire quelques mots des écoles arabes-françaises de filles ; elles sont très peu nombreuses et ne se maintiennent qu'en se transformant en ouvroir, où l'on initie les fillettes à des travaux manuels à leur portée. Rien à espérer sous ce rapport, tant que les mœurs ne seront pas modifiées profondément, et que nos indigènes ne se croiront plus obligés par la tradition, de séquestrer leurs filles dès qu'elles atteignent l'âge de neuf ans. Nous ne sommes pas près de voir un tel changement !

Tel est l'état de l'enseignement du français à nos indigènes ; la situation n'est pas brillante et ne justifie guère les espérances que certains avaient fondées sur ce moyen d'assimilation.

Insuffisance des résultats.

Si l'on veut réfléchir et examiner les choses sans parti-pris, on comprendra qu'il ne pouvait guère en être autrement. Pourquoi les musulmans tiendraient-ils à ce que leurs enfants apprissent ce que l'on enseigne dans les écoles ? S'ils doivent continuer à vivre dans la société indigène qu'ont-ils besoin de connaissances abstraites, étrangères à leur milieu ? Et cette science inutile, ne risque-t-elle pas d'entamer leurs croyances traditionnelles, de les détourner de la voie morale et religieuse de leurs ancêtres, pour s'imprégner des hérésies chrétiennes ? Combien d'exemples n'ont-ils pas sous les yeux pour justifier leurs craintes ?

Ce raisonnement ne manque pas de logique. Les sectateurs de l'islam ont une conviction intime, inébranlable, c'est qu'ils sont les seuls vrais croyants, serviteurs du Dieu unique, maître de l'univers, et que nous sommes des infidèles voués aux flammes de l'enfer. Ils veulent bien nous servir, nous respecter, se faire guider et protéger par nous dans les affaires temporelles, renoncer à toute pensée de résistance contre nous, mais prendre nos idées, devenir *idolâtres* ou *athées* comme nous, non !

En somme, c'est leur droit ; ces préjugés ne pourront s'atténuer ou disparaître qu'avec le temps, après des siècles de contact, par la liaison des intérêts et l'effet de notre exemple habile et sage.

L'école doit jouer un grand rôle dans cette transformation ; il s'agit de les y attirer en leur donnant confiance et en leur offrant des avantages.

Les avantages sont jugés insuffisants.

Répétons encore une fois que le premier, pour ne pas dire le seul mobile des actes de nos indigènes est l'intérêt, un intérêt tangible, immédiat. Longtemps ils ont cru qu'en envoyant leurs enfants dans nos lycées, sans rien payer grâce à des bourses libéralement distribuées, il en résultait pour nous une obligation de leur donner, à la sortie, une belle place, sans tenir compte des aptitudes et des qualités que le sujet peut, ou non, posséder. Cela du reste s'était produit maintes fois. Devant un tel résultat, les préjugés religieux ne pèseraient guère et nos collèges seraient bientôt trop étroits.

Mais, puisqu'il n'en est pas ainsi et que les bourses sont plus difficiles à obtenir, ces hommes positifs se gardent d'envoyer leurs enfants à nos lycées, ou ne le font que par exception et pour des raisons spéciales.

Quant aux écoles primaires, si elles sont plus fréquentées, c'est qu'elles ne coûtent rien ; et puis bon nombre d'enfants n'y restent pas assez longtemps, et le profit qu'ils en retirent est souvent mince. D'autres en rapportent un bagage suffisant pour obtenir ensuite une petite place et l'effet est excellent.

L'adjonction de cours de travaux manuels sérieux constitue une attraction réelle, car là le résultat est tangible. A notre avis le développement d'un enseignement industriel pratique et assez complet pour permettre à l'élève de trouver tout de suite un emploi, est appelé à un réel succès chez nos indigènes.

Desiderata.

Mais, si l'on veut que les écoles arabes-françaises prospèrent, on doit y organiser, sur des bases sérieuses, l'enseignement de l'arabe et du Koran par un maître musulman. C'est ainsi qu'on fera une concurrence sérieuse à l'école de zaouïa. Pour cela, il ne faudrait plus que l'Académie se retranchât derrière les articles de la loi scolaire, interdisant dans les écoles tout enseignement religieux aux heures de classe. Ces scrupules sont puérils. Au besoin, qu'on en laisse la responsabilité aux maires et qu'on leur permette d'intervenir dans les cas de cette sorte. L'application stricte des règlements universitaires a porté un grave préjudice à ces écoles indigènes. Plus d'autonomie est nécessaire dans la direction, dans le mode et les matières d'enseignement; qu'on ajoute à cela un bon choix de maîtres sachant l'arabe et entrant en relations avec les parents; on verra alors les écoles arabes-françaises prospérer.

Il n'y a pas autre chose à faire pour le moment. On doit soutenir et encourager les écoles arabes-françaises qui marchent et répondent à un besoin réel dans les villes, en

Kabylie, dans les oasis, etc. Mais il faut liquider celles qui n'ont pas répondu aux espérances, sauf à les rouvrir ultérieurement si le besoin s'en fait sentir. Il faut aussi se garder de construire à grands frais de nouvelles écoles, afin d'y attirer les élèves. En principe, on devrait attendre que les intéressés les réclament et commencer petitement, à titre d'essai. Nos budgets en profiteront et les économies réalisées pourront être employées beaucoup plus utilement pour les indigènes.

Détournement du patrimoine des écoles.

La question des dépenses de l'instruction publique indigène nous amène à parler du produit des hobous qui leur étaient affectés, détourné de son but par l'administration et, par voie de conséquence, à examiner la situation faite à l'assistance publique pour les mêmes causes (1).

En prenant possession d'Alger, nous avons trouvé un grand nombre d'immeubles retranchés de la circulation, administrés par

(1) Nous avons traité cette matière à fond dans un mémoire intitulé : *La question de l'assistance publique musulmane.* (Constantine, 1899.)

un service spécial, le *Beït-el-Mal* et dont les revenus avaient une affectation particulière au profit d'établissements religieux ou d'utilité publique. C'étaient des biens frappés de hobous.

Institution du hobous.

Cette institution, étrangère à nos codes, a été admise en quelque sorte malgré elle par la législation musulmane. Son mécanisme était difficile à saisir, puisque depuis soixante-dix ans, c'est à peine si nos légistes commencent à s'en rendre un compte exact (1). En voici la définition :

Le fidèle, pour se conformer aux prescriptions du Koran, doit, autant que possible, faire des libéralités exemptes de tout intérêt indirect, au profit des collectivités telles que les pauvres, ou d'institutions religieuses ou humanitaires; plus l'effet de ses bonnes œuvres se perpétue, plus leur auteur recueillera de récompenses dans l'autre vie.

Tel est le principe fondamental du hobous et c'est sa qualité d'œuvre pie qui l'a fait admettre dans la législation musulmane, en

(1) Voir notre *Code du Hobous ou Ouakf.* (Constantine, 1900.)

dépit des dérogations aux règles essentielles du droit qu'elle comporte.

Passons au procédé d'exécution : le fidèle veut attribuer les revenus d'un immeuble aux pauvres, au service d'une mosquée, d'une école, d'une hôtellerie, à l'entretien d'une conduite d'eau, d'un pont, etc., et cela à perpétuité, l'attribution se renouvelant chaque année. A cet effet, il fait dresser un acte par lequel il place l'immeuble sous le séquestre spécial appelé *habous ou ouakf,* prescrit les conditions dans lesquelles la fondation sera administrée pour être maintenue en état de productivité et indique le bénéficiaire des revenus nets.

C'est une donation perpétuelle de fruits, mais le donateur reste propriétaire du fonds devenu intangible. Le cadi surveille l'administration en son lieu et place, prélève sur les revenus ce qui est nécessaire pour l'entretien de l'immeuble et son maintien en état de productivité, et délivre le reste aux ayants droit. Mais si, pour une cause quelconque, la charte du hobous ne peut plus être strictement exécutée, elle devient caduque, *ipso facto;* l'immeuble rentre dans la condition ordinaire des biens et fait retour en pleine propriété au fondateur ou à ses héritiers.

Ainsi le hobous ne reste valable que s'il est exécuté tel que le caprice du fondateur l'a décidé. Il en résulte que le Beït-el-Mal ne devait pas confondre les revenus d'origine diverse, ni attribuer ce qui était affecté à une mosquée ou à une école, à d'autres mosquées ou à d'autres écoles, ni donner aux pauvres ce qui revenait aux institutions religieuses et réciproquement.

Les produits détournés de leur destination.

Deux mois après la prise d'Alger, un arrêté (du 8 septembre 183o), rendu par le gouverneur général, incorpora au domaine de l'Etat tous les biens provenant du beylik turc, ainsi que ceux dits de La Mekke et Médine, et décida qu'ils seraient gérés par les soins de ce service. Cette mesure générale, prise un peu à la légère, souleva des réclamations de diverse nature et motiva un nouvel arrêté restrictif en la forme, du 7 décembre 183o, mais, en fait, il régla arbitrairement la question des biens hobous, non seulement de La Mekke et Médine, c'est-à-dire constitués au profit des pauvres musulmans, des voyageurs et des pèlerins, mais encore ceux des mosquées et institutions d'intérêt général. Le domaine s'en empara, en disposa par vente, échange, concession, etc., et confondit tous les revenus dans ses caisses. Il fournit sur cela des subventions pour les frais du culte et maintint jusqu'en 1896 un service dit du Beït-el-Mal, formant un bureau de la direction, chargé de certaines parties de l'administration des hobous, notamment de subvenir aux frais d'inhumation des étrangers indigents.

La façon dont cette affaire fut liquidée a soulevé les plus légitimes critiques. Clavel, dans son ouvrage sur le *Hobous* (1); M. Aumerat, dans son étude sur le *Bureau de bienfaisance d'Alger* (2), la qualifient de spoliation. En fait, ce n'est pas autre chose; mais nos premiers administrateurs peuvent dire comme excuse qu'ils ignoraient la nature de l'institution et qu'ils se sont trompés de bonne foi. Quoi qu'il en soit, le domaine ne pouvait légalement prendre possession de ces biens qu'en maintenant intacte la charte de hobous au nom de laquelle il les saisissait. En aliénant le fonds et en donnant aux revenus une destination autre que celle prévue, il a détruit irrémédiablement ces

(1) Préface et t. I.
(2) *Revue africaine*, nᵒˢ 233, 234.

fondations ; les biens qui les composaient ont repris le caractère absolu de propriétés ordinaires appartenant aux fondateurs ou à leurs héritiers, et il devait les leur restituer ; en les gardant, il s'est approprié, sous un fallacieux prétexte, le bien d'autrui.

Il est vrai qu'à partir de 1843, l'administration a prélevé sur les recettes du budget colonial, une somme destinée à être distribuée aux pauvres musulmans, et qu'elle a pris en charge les frais d'entretien des mosquées et le salaire des desservants. Mais ces attributions sont arbitraires : le produit des immeubles aliénés a disparu et les dépenses assumées ne représentent nullement le revenu normal de la fortune immobilière confisquée.

Les écoles indigènes de différente catégorie et les mederça étaient plus ou moins avantagées, selon la valeur des hobous constitués à leur profit. Les premières ont disparu et sont remplacées par les écoles arabes-françaises, dont les dépenses sont supportées en partie et sans compensation par les budgets communaux, en partie par celui de l'Etat, ce qui est en contradiction absolue avec l'article 4 de l'arrêté du 18 août 1868, toujours en vigueur. Les secondes sont réduites à la portion congrue, et c'est encore la libéralité des communes qui paye les bourses des élèves. Ici la spoliation est flagrante.

Insuffisance des attributions aux bureaux de bienfaisance.

Quant au fonds des hobous constitués au profit des pauvres musulmans, il était considérable. Ses revenus sont représentés maintenant par des subventions du gouvernement général, aux bureaux de bienfaisance musulmans, constitués en vertu du même décret. Alger a conservé, paraît-il, une dotation à ce titre de 55 à 6o.ooo francs ; mais aucune autre ville n'est traitée aussi richement ! Constantine, qui devrait être placée sur le même pied, ne reçoit que 1o.ooo francs, somme ridiculement insuffisante et sans aucun rapport avec la valeur des biens locaux affectés aux pauvres, dont l'Etat s'est emparé. Par suite de ces détournements, les communes supportent des charges qui ne devraient pas leur incomber, et l'assistance publique musulmane est trop pauvrement dotée.

Mesures nécessaires.

La situation, à cet égard, est intolérable ; des mesures efficaces doivent être prises sans retard, sinon pour réparer des erreurs irréparables, au moins pour venir en aide à des malheureux qui souffrent et dont le patrimoine a été détourné de son affectation ; les communes elles-mêmes, écrasées sous les charges de l'assistance publique, doivent être secourues dans des proportions normales.

L'administration algérienne actuelle se trouve évidemment fort embarrassée. Cette situation déplorable n'a pas été créée par elle, et la solution normale exigerait des sacrifices bien lourds. Aussi fait-elle la sourde oreille et se garde-t-elle de répondre aux réclamations dont elle est assaillie. Telle, l'autruche ne pouvant échapper, s'efforce de cacher sa tête au chasseur. Ces petits moyens peuvent être usités par les services fiscaux ; ils sont indignes d'un gouvernement tel que le nôtre et, du reste, ils n'aboutiront qu'à reculer l'heure de la réparation équitable, sans profit pour personne.

C'est une dette d'honneur que la France a

contractée par la faute de ses agents locaux. Tant qu'elle en a ignoré l'existence et la nature réelle, son abstention pouvait se comprendre; maintenant il ne lui reste plus qu'à réparer le préjudice causé, dans la limite imposée par l'équité et le devoir.

CHAPITRE X

L'indigène au point de vue moral.—Conclusion.

Considérations générales.

En étudiant, dans les pages qui précèdent, la question indigène en Algérie, nous sommes resté le plus possible sur le terrain des principes et des généralités. Il en résulte que bien des cas particuliers ont été laissés de côté, auxquels ni l'exposition, ni les solutions proposées ne s'appliquent. Cet inconvénient est inévitable dans une étude de ce genre, à moins de lui donner un développement qui la rendrait fastidieuse. En reconnaissant le fait, nous allons au-devant d'une objection dont il ne faut tenir compte que dans la mesure normale.

Difficulté de comprendre et de connaître l'indigène.

La condition des indigènes de l'Algérie se présente, au premier abord, sous un aspect qu'on est porté à croire sensiblement uniforme; mais en étudiant de près cette société, on s'aperçoit qu'elle offre, au point de vue économique, social, ethnographique, des différences nombreuses, selon les lieux. C'est pourquoi les personnes qui ne connaissent bien que la grande Kabylie, ou les régions forestières de la province de Constantine, ou les plaines de celle d'Oran, ou les hauts plateaux, ou l'Aurès, ou les Kçours, ou les oasis, ou les villes, telles que Alger, Oran et Bône, se font chacune un type différent de l'indigène, une conception particulière de ses mœurs, de ses besoins, de ses idées. Ainsi s'explique la diversité des opinions des auteurs ayant traité la question. Les Algériens n'échappent pas à cette fatalité; aussi, lorsqu'ils se trouvent réunis, venus des extrémités opposées du pays, les voit-on souvent en désaccord sur le même cas, parce que chacun l'apprécie selon l'aspect qu'il a chez lui. D'autres, n'ayant pas quitté les grandes villes du littoral, ne sont guère mieux renseignés que des étrangers.

Rien n'est plus dangereux que de baser son opinion sur des faits particuliers, spéciaux à des gens et à des localités, et de s'appuyer sur cela pour tracer des règles générales, s'appliquant uniformément à tous les indigènes de ce vaste pays. Etudier la question ainsi, c'est aller au-devant d'erreurs inévitables ; les nouveaux venus, quelles que soient leur intelligence et leur faculté d'observation, n'échappent guère à cet écueil.

Pour comprendre et pénétrer la société indigène, un élément est indispensable : le temps, qui permet d'acquérir l'expérience des hommes et des choses. Mais il faut encore pouvoir et savoir l'utiliser, c'est-à-dire, avant tout, connaître la langue du pays, observer successivement les diverses régions, pénétrer sous la tente et dans le gourbi, écouter les gens de toutes les classes et les voir tels qu'ils sont réellement.

Conditions nécessaires pour le juger exactement.

On ne saurait croire à quel point il est difficile de découvrir ce que pensent nos Arabes... quand ils pensent, et d'obtenir d'eux un peu de confiance. Devant leurs compatriotes, devant nous bien davantage, ils prennent une attitude dont ils ne se départissent pas, se drapent noblement dans leur burnous, même s'il est troué, et ont la bouche pleine de paroles pieuses, d'aphorismes et de sentences. Les touristes sont frappés de leur dignité et recueillent sur le carnet de route les balivernes qu'un interprète de rencontre leur débite.

Ce n'est qu'en parlant leur langue, en descendant à leur niveau et en adoptant, dans la forme, leurs idées, qu'on les amène à se découvrir plus ou moins. Le tort des Européens consiste à les questionner comme des hommes élevés ainsi qu'eux, dans les traditions de l'antiquité, tempérées par un fond de principes chrétiens se heurtant avec les systèmes de nos philosophes. Il faudrait pourtant se persuader que ces gens ne peuvent comprendre nos idées, parce que la forme même de leur pensée, l'influence séculaire et traditionnelle du milieu où l'esprit se développe, sont absolument différents. Ajoutez à cela l'ignorance inimaginable, les préjugés dont l'effet est peut-être plus funeste encore, le mépris du musulman envers l'infidèle et ses inventions diaboliques, la conviction innée que le vrai croyant est seul l'élu de Dieu, la soumission fataliste aux accidents de la vie, qui ne lui permettent pas de s'inquiéter des grands problèmes de l'humanité et vous comprendrez pourquoi nos indigènes n'ont, en réalité, d'opinion sur rien et sont incapables de se faire des idées générales et de juger comme nous les questions au point de vue abstrait.

L'indigène n'a pas de règle morale de conduite.

Après avoir rempli ses devoirs religieux, en accomplissant des actes de pure forme, le musulman se laisse vivre, comptant sur les effets de la divine bonté. Il est donc essentiellement soumis aux impressions des faits, au fur et à mesure qu'ils se produisent et ne songe qu'à en tirer le plus d'avantages directs et immédiats. C'est pourquoi il n'a pas de ligne de conduite morale, pas de conscience individuelle ; c'est pourquoi il se refuse à l'étonnement et ne cherche pas à comprendre ; c'est pourquoi il ne tire pas de conclusion morale des faits dont il est témoin.

Mais, dira-t-on, sont-ils tous ainsi, sans exception ? Au fond, il leur serait difficile d'être autrement ; ce n'est donc que par l'aspect superficiel qu'ils varient. Cela est si vrai que ceux qui ont été élevés dans nos écoles ou nous ont fréquentés durant de longues années, en prenant même certaines de nos habitudes, conservent cette forme d'esprit, cette inaptitude à la synthèse et au raisonnement, cette façon de juger les choses sans s'y arrêter, ni faire entrer en ligne de compte les principes d'équité, de droiture, de logique. Et précisément leur dignité extérieure, la réserve sentencieuse de leurs paroles portent à croire tout le contraire.

Absence d'esprit de solidarité et de compassion.

Une des manifestations les plus caractéristiques de cet état d'âme est le détachement absolu que l'on rencontre chez ces fidèles musulmans à l'égard des infortunes privées ou communes de leurs coreligionnaires (1). Ce manque de solidarité les porte à ne pas agir en faveur des victimes, si des raisons particulières ne les forcent à sortir de l'indifférence : le malheur n'est-il pas un effet de la volonté divine? Tout au plus si certains, au lieu de les aider, ne cherchent pas à les achever, s'ils espèrent en tirer avantage!

Les rivalités aiguës qui divisent cette société procèdent en partie de cette cause. En dehors des gens du clan, ce que l'indigène déteste et méprise le plus, dans la pratique

---

(1) *Le Koran* (sour. XVII, v. 16), leur dit : « ...*c'est pour vous que vous travaillez. Ne portez pas le fardeau d'autrui.* » Il leur enseigne en outre que les œuvres sont personnelles et ne peuvent servir à autrui.

de la vie, c'est un autre indigène. La communauté de croyances ne l'empêche en rien de traiter un musulman avec la plus grande cruauté et de rester inaccessible à toute idée de pardon. Insensible à la pitié et à l'esprit de charité chrétienne, il ne peut comprendre qu'on renonce à la vengeance lorsqu'on la tient. Il est dominé par sa passion et ne recule devant aucun moyen pour satisfaire sa haine, sa vanité et ses vices. Bien qu'esclave d'un sot respect humain, il se croit apte à toutes les fonctions et ne comprend pas que des aptitudes soient nécessaires. Les protections et la corruption sont les seuls agents de la réussite.

Les actes passés ne garantissent pas la conduite à venir.

Quant à la reconnaissance pour les services rendus et à la fidélité, ce sont des sentiments passagers qui se résolvent en protestations et en paroles; il arrive cependant que certains en donnent des preuves éclatantes, mais il ne serait pas prudent d'en conclure qu'on peut toujours compter sur eux : Dieu les a inspirés ainsi aujourd'hui; demain il leur dictera une conduite opposée. Résiste-t-on aux décrets divins? Voilà le principal motif de leur infériorité morale : cette absence de conscience directrice de leurs actes les livre aux impressions du fait apparent et instantané. Aussi, sont-ils inaccessibles à tout sentiment de réprobation en présence d'actes qui ne les touchent pas et incapables d'indignation désintéressée. Ils seront scandalisés d'une attaque contre la religion ou irrités d'une injure directe. C'est tout.

Le mensonge n'est réfréné par aucune règle.

Cela explique encore un de leurs plus graves défauts, devenu seconde nature, le mensonge. Incapables d'apprécier les faits, et par suite de les délimiter dans leur esprit, ils en arrivent, même malgré eux, à ne pas savoir où la réalité finit, où commence l'erreur. C'est pourquoi, en voulant dire la vérité, ils mentent encore. A plus forte raison, lorsqu'ils ont l'intention de tromper : cela n'a pas d'importance ; si la question qu'on leur pose n'offre pas d'intérêt direct, ils cherchent à savoir dans quel sens on désire qu'ils parlent ; mais jamais leur langue n'est guidée par la vérité pure et s'ils disent qu'ils ne savent pas, c'est qu'ils ont une raison pour se taire ; car l'ignorance du fait ne serait pas une cause sensible d'abstention (1).

Il faut, pour juger l'indigène, se placer à son point de vue.

Comprend-on maintenant pourquoi aucune entente morale n'est possible entre eux et nous ? Pour modifier cet *ingenium,* il faut des siècles de contact ; comme effet réel, utile, les discours, les démonstrations, les preuves d'intérêt n'y feront rien. C'est par notre justice, notre inflexible droiture, en tout et pour tout, que nous leur imposerons notre supériorité. Pour cela, il ne faut pas prêter l'oreille à leurs ingénieux compliments ; personne n'est plus habile qu'eux dans l'art de la flatterie ; personne ne sait, comme eux, découvrir le faible de chacun et en abuser ; personne ne possède l'art de corrompre à un tel degré. C'est grâce à l'emploi de ces moyens qu'ils nous ont si souvent entraînés à des injustices déplorables et qu'ils conquièrent la sympathie des voyageurs de marque.

(1) Ces traits essentiels du caractère arabe ont été exposés et analysés par un grand nombre d'auteurs de mérite. Voir notamment : RENAN, *Histoire générale des langues sémitiques,* chap. 1er ; RENOUVIER, *Introduction à la philosophie analytique de l'histoire,* p. 426 et suivantes ; M. CAUDET, *Les premières invasions arabes,* III, etc.

Pour juger les questions indigènes, il est indispensable d'être bien fixé sur le caractère intime de nos musulmans. Qu'on ne croie pas, au moins, que nous avons forcé les couleurs du tableau, afin d'en tirer des conséquences trop rigides. Il faut les prendre pour ce qu'ils sont, tels qu'ils sont et en dégager la conduite à tenir envers eux, dans leur intérêt et dans le nôtre, c'est-à-dire ne leur demander que ce qu'ils peuvent donner.

A beaucoup de points de vue, cette population est intéressante ; elle possède les qualités de ses défauts et joue un rôle économique des plus importants. Nous avons envers elle des devoirs à remplir ; il faut en comprendre la nature exacte et trouver le moyen utile de les mettre en pratique.

Qualités de l'indigène.

Les gens le plus en vue parmi eux sont les moins intéressants ; mais derrière ce rideau se trouve la masse des cultivateurs et éleveurs et des ouvriers des champs, laborieux, vivant de peu, sans cesse occupés à se procurer leur subsistance et celle de leur famille. Ceux-là produisent et font rendre au pays, par des procédés peu perfectionnés et au prix de rudes labeurs, ce qu'il peut donner ainsi. Des rapports de toute sorte s'établissent entre eux et les colons, auxquels ils fournissent une main-d'œuvre médiocre, mais peu coûteuse; ils apprennent beaucoup à leur service, deviennent plus laborieux et améliorent, peu à peu, leurs procédés. C'est ainsi que les préjugés disparaîtront; la seule assimilation possible commencera par la liaison des intérêts et la réalisation des avantages.

Malheureusement, au milieu de ces travailleurs vivent de nombreux fantaisistes, préférant aux monotones occupations de la journée, les fatigues et les dangers des expéditions nocturnes. Rien ne les distingue, *a priori*, des précédents; chacun les connaît dans le douar et paraît les protéger; on les supporte et on les craint, mais en réalité aucune réprobation ne les frappe.

Dans les villes se trouvent également des ouvriers et de petits industriels, laborieux et rangés, et à côté d'eux toute une tourbe de paresseux et d'ivrognes, pratiquant divers courtages et nombre de professions interlopes, arrivant parfois à s'insinuer dans des milieux d'où ils devraient être exclus à coups de bâton et exploitant impudemment leur prétendue influence.

Nous devons leur assurer la sécurité et la justice.

Ce qu'il faut, avant tout, pour les uns comme pour les autres, c'est une administration ferme et honnête exerçant une surveillance méticuleuse et assurant la *sécurité* et la *justice*. Par la réalisation de ce simple programme, la situation serait bientôt modifiée et quel service on rendrait à ces gens !

C'est par là qu'il faut commencer, le reste viendra par surcroît. Mais, si l'on veut continuer à ouvrir des écoles indigènes, à augmenter le personnel des déclassés, à décorer les cadis, à encourager les intrigants, à instituer des mouftis ignorants et à proposer des mesures plus ou moins ingénieuses, à grand renfort de brochures et de discours, sans courir au plus pressé, on perdra son temps et le mal ira en s'aggravant.

Les gouverner et les protéger.

Nos indigènes ont besoin d'être gouvernés ; ce sont de grands enfants incapables de se conduire seuls. Il faut les mener fermement, ne supporter d'eux aucune incartade et mâter les intrigants et les agents de démoralisation ; en même temps, il faut les protéger, les gui-

der paternellement, les aider et surtout reconquérir notre influence sur eux par l'exemple
constant de notre supériorité morale.

Dans l'intérêt des indigènes, il ne faut rien dissimuler.

Tel est notre programme et voilà de quelle
façon nous comprenons les devoirs de la
France envers ses sujets algériens. Tout ce
qui a été indiqué dans cette étude se réfère
à ces principes et tend vers ce but. On reconnaîtra, espérons-le, que si nous avons pu
paraître un peu sévère pour les indigènes,
nous n'avons contre eux aucune animosité;
en agissant ainsi, nous avons la confiance
d'être un ami plus utile que ceux qui les
présentent comme des victimes et réclament
pour eux des libertés funestes.

Faut-il ajouter que quarante-sept années de
fréquentation constante, intime, de cette population, nous ont permis d'acquérir quelque
expérience sur la matière et que la confiance
que ces gens nous ont sans cesse témoignée
nous autorise à montrer leur plaies, pour en
chercher la guérison? Aucun d'eux ne nous
démentira; tous approuveront nos propositions, sauf ceux qui vivent du désordre.

Le but de ce travail est de rétablir la réalité des faits.

Loin de nous, du reste, l'intention de présenter un programme définitif; mais seulement un ensemble de mesures immédiates destinées à remédier aux inconvénients du moment actuel, à replacer les choses au point et à remettre le char dans sa voie normale. Lorsque tout sera rentré dans l'ordre, il en naîtra une situation nouvelle dont les effets se manifesteront successivement. Il conviendra alors de modifier le système selon les besoins nouveaux, en tenant compte des progrès réalisés. La réussite dépendra de l'application. Rien n'est parfait, rien n'est définitif dans les affaires de ce monde, surtout en matière d'institutions gouvernementales. Il s'agit de perfectionner et d'adapter les procédés en temps opportun. Il s'agit aussi de trouver et de former des hommes pour les appliquer, car le metteur en œuvre, l'agent est tout ici. La réussite dépendra de la façon dont il comprendra son rôle. C'est pourquoi l'administrateur, comme le magistrat, doivent être des hommes de premier ordre, spécialement préparés, de caractère ferme et droit, inaccessibles à la faiblesse sous toutes ses formes, pas plus qu'à la violence brutale et ne plaisantant jamais avec leurs administrés.

Nous avons voulu combattre, encore une fois, pour la cause sainte de la vérité. Hélas! les questions algériennes ont toujours eu la spécialité de donner lieu, en France, aux appréciations les plus bizarres. De même que le héros luttant contre l'hydre voyait repousser plusieurs têtes, lorsqu'il parvenait à en couper une, les erreurs renaissent et se succèdent, tandis que la vérité reste étouffée par la végétation parasite des préjugés.

Il en sera sans doute ainsi tant qu'on persistera à juger de loin nos affaires et à légiférer sur des choses qu'on ne connaît pas.

Les questions ont été présentées au point de vue général.

Avant de clore cette étude, rappelons que les appréciations qui précèdent ne peuvent s'appliquer qu'à une sorte de moyenne et non à tous les lieux et à tous les cas. Les généralisations, les formules absolues et uniques, si en faveur chez nous, ont toujours le défaut de convenir mal à certaines parties. En Algérie, autant, peut-être plus que partout ailleurs, il serait funeste de généraliser en matière d'administration et de justice. Les mesures à prendre doivent être appropriées aux localités et aux populations et les cadres assez souples pour s'y prêter. Et si ces exceptions blessent nos traditions d'unité et de centralisation, tant pis! Il ne restera qu'à donner plus d'initiative aux fonctionnaires locaux, à décentraliser en un mot.

Certains trouveront peut-être que nous avons négligé des questions sérieuses ou que nous ne leur avons donné qu'une importance insuffisante. Il est incontestable qu'un grand nombre de détails ne pouvaient trouver place ici; cela aurait eu le double inconvénient de détourner l'attention du lecteur, de produire des confusions dans son esprit et de donner trop de valeur à des choses secondaires. Il fallait, avant tout, tracer de grandes lignes, laissant comme impression des idées claires et précises; commencer par le commencement et s'attacher au principal. Du reste, en regardant de près, on se rendra compte que bien des questions secondaires ont été traitées ou se trouvent résolues par voie de conséquence, avec les principales.

La solution de la plupart des détails se trouve implicitement indiquée.

Mais, pour beaucoup de gens, les détails ont un attrait particulier. Tour à tour, une de ces formules jouit de la faveur publique; chacun en parle, la développe et elle devient ce qu'on appelle un cheval de bataille. Telle par exemple : *la plaie de l'usure qui ronge les Arabes.*

Nous ne l'avons pas traitée spécialement; mais nous avons indiqué les causes d'appauvrissement et de gêne de nos musulmans et fait connaître par quels moyens on peut y remédier, c'est-à-dire les mettre à même d'ensemencer toutes leurs terres disponibles pendant plusieurs années. L'augmentation de récolte qui en résultera leur permettra d'éteindre leurs dettes, de conserver leurs troupeaux et d'avoir en main les avances nécessaires En ajoutant à cela le rétablissement de la sécurité, une justice meilleure et moins coûteuse et le maintien de la disponibilité de leurs terres comme instrument de crédit, on se rendra bientôt compte de la modification profonde et avantageuse qui en résultera pour ceux qui possèdent et pour ceux qui vivent de leur travail.

Si alors, il se trouve encore des indigènes pour se mettre entre les mains des usuriers et qu'on rencontre des prêteurs assez hardis pour leur faire des avances, tant pis pour eux, car on ne les empêchera jamais de se ruiner. Il faut convenir, du reste, qu'ils ne sont guère intéressants et qu'on perdrait son temps à faire, à leur usage, des lois spéciales. Mais, sont-ils aussi nombreux qu'on le prétend? Nous ne le pensons pas; il est certain, d'autre part, que les titres individuels ont porté un rude coup à l'usure. Quant aux usuriers, il appartiendra à la justice de leur appliquer les sévérités de la loi.

De même que pour la répression des crimes, nous estimons plus utile de rechercher et d'atteindre la cause que de se borner à combattre les effets.

Notre déposition est terminée. Les faits que nous avons exposés et les opinions que nous avons défendues sont le résultat de longues observations, contrôlées par l'étude et soumises à l'épreuve de la réflexion, exclusive de tout parti pris. Ce travail a pour lui un mérite, sa sincérité; là s'arrête notre amour-propre d'auteur. En des matières aussi

délicates, prétendre qu'on a résolu définitivement toutes les questions, c'est-à-dire qu'on
a tout bien jugé et qu'on a raison sur tous
les points, serait faire preuve d'une ridicule
présomption et s'enlever tout droit à la confiance bienveillante du lecteur.

APPENDICE

Traits de mœurs indigènes.

Cet article et le suivant sont extraits du numéro de la *Dépêche algérienne* du 29 août 1899. Les faits se sont passés *le même jour à Alger*.

I. — LES DRAMES DU KIF

Fumeur de kif pris de folie. — Un indigène tué, cinq blessés. — Arrestation de l'assassin.

« On sait qu'il existe dans les ruelles arabes aboutissant à la rue Médée, de nombreux bouges interlopes où se réunissent en cachette les fumeurs de kif.

« Là, dans les coins obscurs, étendus sur de vieilles nattes, des indigènes passant des journées entières à s'abrutir, tirant de leurs pipes minuscules cette enivrante fumée dont les effets toxiques se peuvent comparer à ceux de l'opium.

« Hier matin, à 3 heures environ, quatre indigènes étaient mis à la porte par le propriétaire d'un de ces établissements. Ces malheureux avaient passé la nuit à fumer; secouant leur torpeur, ils se levèrent lentement et sortirent.

« L'un d'eux, Mohamed-ben-Amar, terrassier à Draria, venu à Alger passer quelques jours pour s'adonner sans doute, avec ses amis, à sa fatale passion, semblait plus ivre que les autres.

« Il fut pris tout à coup de cette folie calme et froide qui est un des plus terribles effets du kif, une idée fixe envahit son cerveau et il déclara à ses camarades qu'il lui fallait du sang.

« Ces derniers, hébétés, le suivirent sans répondre et Mohamed tira son couteau, prêt à frapper la première personne qu'il rencontrerait.

« Au carrefour de la rue du Divan, quatre indigènes dormaient, étendus sur des nattes à la porte d'un café maure. Mohamed-ben-Amar s'avança vers eux et, frappant du pied l'un des dormeurs, lui ordonna de se lever.

« Celui-ci, Areski-ben-Ahmed-Rajet, réveillé aussi brutalement, protesta. Un coup de couteau dans le dos fut la réponse de l'agresseur qui se précipita ensuite sur un second dormeur et lui porta, avec une violence inouïe, un formidable coup de son arme sur la nuque.

« Suivi de ses trois acolytes, l'assassin reprit son chemin et se dirigea vers la haute ville.

« Pendant ce temps, les blessés étaient relevés et transportés au commissariat de la rue Scipion.

« Le docteur Casset, mandé en toute hâte, arrivait immédiatement et prodiguait à Areski les premiers soins. Quant au second blessé, nommé Mohamed-ben-Mohamed, manœuvre, âgé de vingt-cinq ans à peine, il ne tardait pas à expirer.

« Le docteur Casset ne put que constater la mort, en présence de M. Faure, commissaire de police.

« Le coup avait été si violemment porté que plusieurs vertèbres étaient séparés et que la lame avait, en pénétrant les chairs, tranché la carotide.

« Pendant ce temps, trois agents étaient lancés à la poursuite du meurtrier. Ils furent d'ailleurs assez heureux pour l'arrêter dans une rue de la haute ville. A l'approche des agents, les trois complices avaient disparu ; quant à Mohamed-ben-Amar, il n'opposa aucune résistance. On lui arracha son couteau et on le conduisit au commissariat de police du 2e arrondissement, complètement retombé dans l'abrutissement du kif.

« Mais il avait marqué de rouge son passage dans la Casba, ainsi qu'en témoignaient quatre indigènes ensanglantés qui, successivement furent recueillis au bureau de police.

« Il en avait frappé trois dans la rue Caton et un autre boulevard de la Victoire.

« Le premier, Silami-Saïd-ben-Amar, trente ans, journalier, demeurant rue de Tombouctou.

avait le dos labouré de deux larges blessures.

« Le second, Amar-ben-Ahmed-Lazoul, trente-huit ans, marchand de légumes, demeurant rue Caton, 15, avait les doigts de la main gauche à demi détachés de la paume.

« C'est en voulant parer un coup qui l'aurait atteint en pleine poitrine que le malheureux saisit l'arme de son agresseur qui le blessa si douloureusement.

« Le troisième blessé, Ahmed-ben-Ali, quarante ans, journalier, demeurant aussi rue Caton, avait reçu deux coups à la poitrine et au bras droit.

« Enfin, le dernier, Mohamed-Aïssa, trente-six ans, avait le côté gauche et l'omoplate transpercés.

« Après avoir mis l'inculpé à la geôle, on s'occupa des blessés et le docteur Casset leur fit des pansements provisoires pour leur permettre d'être conduits à l'hôpital avec le premier des blessés, Areski-ben-Ahmed.

« Leur état n'est pas très grave et leur incapacité de travail qu'ils devront subir varie de huit à douze jours.

« Le cadavre de Mohamed-ben-Mohamed a été transporté à l'amphithéâtre municipal, où il a été autopsié.

« Dans la matinée, l'assassin, qui nie énergiquement ses crimes, a été confronté avec ses victimes qui l'ont formellement reconnu.

« D'ailleurs, aucun doute n'est possible ; le couteau saisi sur l'inculpé était taché de sang.

Mohamed-ben-Amar prétend d'ailleurs que l'agent de service au commissariat en a trempé la lame dans le sang des blessures des autres indigènes, pour le faire condamner. Cette protestation enfantine n'a d'ailleurs trompé personne. »

Ce n'est pas la première fois qu'un indigène est pris d'un accès de fureur sanguinaire. Les fumeurs de kif y sont plus particulièrement sujets ; mais cette folie est froide ; l'auteur reste à peu près lucide et on le voit ici nier et ne pas hésiter à prétendre que c'est l'agent qui a maculé de sang son couteau.

Le cas nous fournit les remarques suivantes :

1° C'est à tort qu'on a attribué comme mobile à des faits semblables, où des Européens avaient été frappés, l'excitation de sentiments religieux ou patriotiques. *Ces forcenés frappent de préférence leurs compatriotes.* Ici, l'auteur, après avoir blessé six musulmans en divers endroits, s'est laissé arrêter sans résistance par des Français.

2° Le rôle de ses trois compagnons est caractéristique : ils entendent sans surprise l'assassin annoncer son projet, le suivent et assistent impassibles à la première agression, sans chercher à le retenir, sans prévenir, ni protéger ses victimes ; ils ne jugent pas, n'approuvent ni ne blâment et, en se plaçant à leur point de vue, ne sont pas complices.

Après le premier crime, ils continuent à suivre l'assassin et assistent encore à quatre agressions.

Mais quand la police arrive, ils savent fort bien détaler, ce qui prouve que l'influence du kif ne leur enlève pas le sentiment de l'intérêt personnel..... *« Ne prenez pas à votre charge les fautes d'autrui »*, a dit le prophète.

3° On pensera peut-être qu'on a ici affaire à quatre mauvais garnements d'espèce particulière.

Rien n'est moins certain. L'auteur principal est un travailleur, un terrassier occupé dans un village, sans doute chez les Français ; peut-être bon ouvrier. Il est venu passer quelques jours à Alger et c'est là qu'un beau matin sa fureur sanguinaire l'a pris ; Dieu l'a voulu ainsi : résiste-t-on à ses décrets ?

Quant à ses trois compagnons, si, comme c'est probable, on ne les retrouve pas, ils ont repris leur train de vie au milieu de leurs congénères.

Les gens de cette sorte sont légion ; on les heurte à chaque pas et rien ne les distingue des autres.

II. — VENDETTA INDIGÈNE

Un enlèvement. — Retour de l'infidèle. — Vengeance de l'amant. — Une expédition dans la Casba. — Deux morts.

« Il y a plusieurs mois un employé indigène des C. F. R. A., Mahamet-Omar-ben-Ahmed, âgé de vingt-huit ans, enlevait une Mauresque de vingt ans, Kadoudja-bent-Hamoud, mariée à un cafetier du boulevard de la Victoire, nommé Lahoussine-ben-Ahmed.

« Le ravisseur vécut un certain temps avec sa conquête sans que le mari, qui savait où Kadoudja avait trouvé refuge, parût s'en émouvoir ni se mît à la recherche de sa trop volage moitié.

« Il n'en fut pas de même du père de la jeune femme, Hamoud-ben-Saâd, d'autant plus courroucé que la fugitive lui avait emporté, paraît-il, près de 400 francs de bijoux.

« Il envoya des émissaires à l'infidèle, supplia d'abord, menaça ensuite et fit tant que Kadoudja revint auprès de son mari et reprit la vie conjugale.

« Cet arrangement ne faisait pas du tout l'affaire de Mahamet, qui résolut de se venger, non pas du mari qu'il avait volé et dont le ressentiment était, après tout, naturel, mais du beau-père, dont l'intervention était la vraie cause de la seconde infidélité de Kadoudja.

« Hier soir, l'amoureux délaissé munit trois indigènes de ses amis, de revolvers probablement chargés, s'armant lui aussi d'un revolver de gros calibre, il se dirigea avec sa petite troupe vers le café maure tenu par Lahoussine.

« Sur le seuil du café se trouvaient Hamoud-ben-Saâd, père de Kadoudja ; son jeune fils de quatorze ans, Ali-ben-Hamoud ; son frère et enfin son gendre, propriétaire de l'établissement.

« Mahamet s'approcha d'eux et leur chercha querelle. Hamoud conseilla au provocateur de se retirer et, sur son refus, sortit de sa gandoura un pistolet pour en menacer Mahamet, s'il ne s'en allait pas.

« Ce dernier brandit à son tour un revolver et ajusta son adversaire, le mettant au défi de faire feu. Aussitôt le pistolet partit et une pluie de chevrotines s'abattit sur Mahamet, lui criblant de blessures peu pénétrantes la poitrine et les bras. Le revolver y répondit et trois balles atteignirent Hamoud, une à la tempe et deux à la poitrine. Le malheureux tomba foudroyé sur le carreau.

« Ce fut le signal de la mêlée. Deux des amis de Mahamet se précipitèrent sur les autres membres de la famille. El-Haoussine se déroba et s'enferma dans une salle adjacente au café maure, son beau-frère s'enfuit dans la direction du commissariat, tandis que son agresseur lui tirait un coup de revolver, sans heureusement l'atteindre.

« Quant au jeune Ali-ben-Hamoud, il sortit un couteau et s'élança contre le troisième acolyte de Mahamet, un nommé Rabah, qui ne s'attendait pas à pareille défense, eut peur et prit la fuite. Ali se mit à sa poursuite et Rabah, se sentant peu à peu rattrapé, se retourna et d'un coup de revolver brûla la cervelle au jeune homme.

« La police, prévenue, accourut immédiatement

sur les lieux et put arrêter les deux Arabes restés dans le café maure, en attendant la sortie de Si-Haoussine, qui, prudemment se tenait enfermé. Mahamet, criblé de plomb, se constitua lui-même prisonnier.

« Rabah est donc le seul qui ait réussi à s'échapper et d'actives recherches ont été entreprises pour le retrouver.

« On releva ensuite les cadavres et M. Labouerie, commissaire de police, procéda aux constatations légales, assisté du docteur Rouquet.

« On prévint le parquet et M. Delavigne, substitut, vint sur les lieux du crime pour en rassembler les premiers détails.

« Le docteur Rouquet s'occupa de l'assassin blessé, tandis que les deux cadavres étaient transportés à l'amphithéâtre, où ils seront autopsiés.

« Mahamet a été conduit à l'hôpital; quant à ses deux complices arrêtés, ils ont été écroués, après avoir subi un interrogatoire de M. Delavigne.

« Cette sanglante affaire a mis en émoi toute la haute ville et il faudra certainement une surveillance spéciale pour éviter le retour de ces vengeances réciproques et criminelles qui, il y a quelques années, ont fait tant de victimes parmi les indigènes de la Casba. »

Cette deuxième affaire est non moins intéressante et d'un genre assez différent. Analysons-la :

1° Mahamet enlève la femme d'El-Haoussine ; celui-ci sait où elle vit avec son amant, mais il ne s'en détourne pas.

Nouvelle preuve que nos indigènes ne sont pas tous des Othello, ainsi que nous l'avons dit dans *La condition de la femme musulmane* (Jourdan éditeur, Alger).

2° C'est le père de la femme qui se décide à agir, non par une révolte de la conscience, mais parce que sa fille lui a pris de l'argent qu'elle mange avec l'autre.

Nouvelle confirmation de ce que nous avons publié, à savoir que les crimes *passionnels* se produisent après le fait principal et souvent au sujet de questions d'argent.

Il la fait rentrer au bercail et le mari reprend la vie conjugale, comme si rien ne s'était passé !

3° C'est le séducteur qui est fâché, non contre le mari rentré en possession de son Hélène, mais contre le père de celle-ci, parce que c'est lui qui l'a ramenée : Ces gens ne s'attachent qu'au fait, non à la cause, qui est ici un amour-propre particulier.

4° Il veut se venger de lui et trouve trois compagnons pour l'aider dans son entreprise ; il leur donne à chacun un revolver et ils vont ensemble, un beau soir, au café d'El-Haoussine.

Ici, les compagnons joueront un rôle actif : c'est que Mahamet a eu le temps de convenir des faits avec eux ; ils savent ce qu'ils entreprennent et l'ont accepté, soit moyennant récompense, soit par goût ou amitié. Le plus étonnant, c'est qu'ils ont pris leur rôle au sérieux.

5° L'affaire s'entame entre Mahamet et le père et entre l'un des compagnons et le fils de celui-ci.

El-Haoussine laisse tuer son beau-père et son beau-frère; il s'enferme dans son café et les deux derniers agresseurs restent sur place pour l'attaquer, s'il se montre.

Cette attaque à main armée par quatre agresseurs est chose rare dans les villes; dans les campagnes, au contraire, de telles histoires sont fréquentes : démonstration de l'anarchie actuelle.

Le mobile n'est pas le vol; il ne s'agit pas davantage de reconquérir la belle, car, de toutes façons, elle sera perdue pour l'amant. Ce n'est pas un crime passionnel; c'est une *vengeance de l'honneur* de Mahamet, qui ne peut supporter le ridicule à lui infligé par le père de sa maîtresse, en l'arrachant de ses mains !

Nouvel exemple d'un autre fait, à savoir que dans les affaires de femmes, les meurtres ne sont commis, en général, que sous l'impression du dépit, par ceux auxquels l'objet a fini par être enlevé.

Quel homme est ce Mahamet ? Un indigène comme les autres; et de plus ayant fréquenté les Français, puisqu'il est employé d'une compagnie. Quant à ses trois acolytes, ils peuvent être des malandrins de profession, surtout s'ils ont agi moyennant salaire; mais il est possible aussi que ce soient des ouvriers ou des cultivateurs n'ayant jamais eu maille à partir avec la justice.

Ces deux incidents ne surprendront personne en Algérie, et nous ne les retenons que parce qu'ils viennent de se produire le même jour, à Alger et qu'ils démontrent le peu de cas que nos musulmans font de la vie de leurs compatriotes. Sauf de rares exceptions, ils n'agissent pas ainsi à l'égard des Français et respectent beaucoup plus leur vie.

En outre des enseignements qu'on doit en tirer au point de vue des mœurs de cette société, ils prouvent combien il est nécessaire de leur laisser moins de liberté et de les soumettre, même dans leur intérêt, à une surveillance plus directe et plus efficace.

Le premier besoin, ainsi que nous l'avons dit et répété, est le rétablissement de la sécurité et l'on voit ici combien l'application de la *responsabilité collective* serait inutile, impossible même. Il en est presque toujours ainsi.

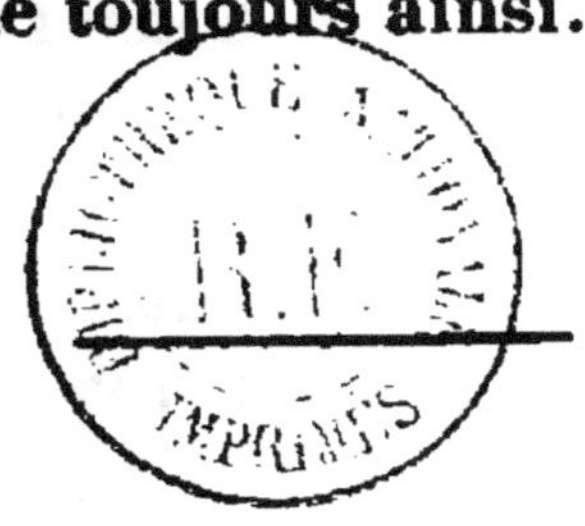

TABLE DES MATIÈRES

CHAPITRE I

Coup d'œil sur l'organisation du gouvernement turc.

CHAPITRE II

L'Algérie en 1830. — Organisation de la résistance.

CHAPITRE III

Les indigènes sous notre domination.

CHAPITRE IV

Les indigènes sous notre domination (de 1870 à nos jours).

CHAPITRE V

La propriété foncière.

CHAPITRE VI

Administration des indigènes.

CHAPITRE VII

La justice civile et criminelle.

CHAPITRE VIII

La question religieuse. — Les marabouts et les confréries.

CHAPITRE IX

L'instruction des indigènes. — L'assistance publique.

CHAPITRE X

L'indigène au point de vue moral. — Conclusion.

APPENDICE

Traits de mœurs indigènes.

Alençon. — Imprimerie A. HERPIN.

www.ingramcontent.com/pod-product-compliance
Lightning Source LLC
Chambersburg PA
CBHW062325070726
47596CB00008B/295